预防性储蓄、家庭财富与不同收入阶层的城镇居民消费行为

尚昀　著

山东大学出版社

图书在版编目(CIP)数据

预防性储蓄、家庭财富与不同收入阶层的城镇居民消费行为/尚昀著. —济南:山东大学出版社,2019.10
ISBN 978-7-5607-6473-3

Ⅰ.①预… Ⅱ.①尚… Ⅲ.①城镇—居民消费—消费者行为论—研究—中国 Ⅳ.①F126.1

中国版本图书馆 CIP 数据核字(2019)第 245881 号

责任编辑:李昭辉
封面设计:张　荔

出版发行:山东大学出版社
社　址　山东省济南市山大南路 20 号
邮　编　250100
电　话　市场部(0531)88363008
经　销:新华书店
印　刷:山东和平商务有限公司
规　格:880 毫米×1230 毫米　1/32
5.625 印张　156 千字
版　次:2019 年 10 月第 1 版
印　次:2019 年 10 月第 1 次印刷
定　价:24.00 元

前言

自20世纪90年代以来，中国居民的储蓄水平呈现出快速且明显的上升趋势，并始终保持在较高水平。中国的经济发展在2007年之后增速明显放缓，现已从高速增长阶段过渡到高质量发展阶段。在新的经济发展形势下，以消费为主要驱动力的经济增长将成为一种健康可持续的发展模式。自1996年以来，我国政府通过下调利率等多种措施来刺激居民消费，但是效果并不理想。在这种情况下，了解居民高储蓄、低消费的影响因素及其影响机制，探求中国居民家庭高储蓄水平的原因，就引起了学界的高度关注。

目前，中国仍处在经济体制转轨时期，各项制度尚有待完善。居民为了应对未来生活中面临的各种不确定性，会表现出谨慎性动机，从而减少消费，提高储蓄水平。收入是影响消费的一大决定性因素，收入水平的高低影响着居民对未来不确定性的反应程度。改革开放以来，中国居民的收入差距快速拉大，这也导致居民的消费行为出现了明显的差异。此外，家庭资产和人力资本能够为家庭带来收益，是家庭收入的重要补充，对居民消费水平有着不同程度的影响。因此，考虑到收入阶层的异质性，对不同收入阶层居民的预防性储蓄行为和家庭财富对居民消费的影响分别进行分析检验，有助于让我们全面了解中国体制转轨时期居民相对高储蓄、低消费的原因。

本书以现代消费理论为基础，结合中国城镇居民家庭经济行为在制度转轨时期的特殊性，将定性描述和定量分析的方法相结合，从不同角度考察了预防性储蓄和家庭财富对不同收入阶层城镇居民家庭消费行为的影响。全书共分七章，第一章为研究背景与概述。第二、三章为本书的理论基础，整理了预防性储蓄理论、家庭财富对居民消费影响的主要研究成果，并进行了预防性储蓄理论在中国国情下的适用性讨论。第四、五、六章是本书的实证部分，也是分析的重点。其中，第四章在预防性储蓄理论的基础上，结合不同收入阶层居民消费行为的异质性，考察了不确定性、流动性约束和消费习惯等对不同收入阶层城镇居民消费行为的影响；第五章将家庭资产和人力资本一并作为家庭财富的组成部分，按照类型和性质的不同区分了家庭资产和人力资本，分别检验了不同类型的家庭财富对城镇居民家庭消费行为的影响程度及影响渠道；第六章将预防性储蓄的动机、家庭财富和家庭所处的生命周期阶段等因素整合到同一个分析框架中，分别检验了各因素对不同收入阶层的城镇居民家庭消费行为的影响。第七章给出了本书的结论及政策含义。

本研究的创新点和得到的主要结论如下：

第一，在迪南预防性储蓄模型的基础上①，引入流动性约束和消费习惯等因素，利用按收入阶层分组的城镇居民调查数据，首次按照不同收入阶层居民所受流动性约束的异质性将其分为“受到流动性约束”和“所受流动性约束不确定”两组，构造了收入组

① K. E. Dynan. Habit Formation in Consumer Preferences: Evidence from Panel Data[J]. *American Economic Review*, 2000, 90(3): 391-406.

间动态面板，运用随机系数模型详细分析了不同收入阶层的城镇居民家庭预防性储蓄行为。结果表明，预防性储蓄动机强度随着收入水平的提高而呈现出先上升后下降的趋势，流动性约束主要对低收入群体影响较大；实际利率和消费习惯对各收入组的消费和储蓄行为影响并不明显。

从收入阶层来看，低收入群体降低消费水平的主要原因是同时受到较强的流动性约束和不确定性两方面因素的影响，预防性储蓄动机强度较大；中高收入群体的消费行为主要受不确定性的影响，并且随着收入水平的提高，预防性储蓄动机强度有明显递减的趋势。

第二，将附着于家庭成员人身的人力资本作为家庭财富的组成部分，引入对家庭财富与城镇居民家庭消费行为的分析中，选取以户主受教育程度为代理变量的教育人力资本和以家庭医疗支出为代理变量的健康人力资本，对人力资本进行量化处理。运用对比分析的方法，分别实证检验了多组不同性质的家庭财富对城镇居民家庭消费和储蓄行为的影响，结果发现，居民的现住房产对家庭消费没有显著影响，而非现住房产对家庭消费具有显著的促进作用，表现出了明显的财富效应。金融资产对居民消费水平有显著的促进作用。虽然生产性固定资产在城镇家庭中的占有率较低，但是其对于家庭消费的财富效应非常明显。人力资本对家庭消费水平具有显著的正向影响，受教育水平较高的家庭倾向于消费更多，健康人力资本对消费的影响相对于教育人力资本更加稳定。另外，家中有未婚子女会显著提高家庭的消费水平，这部分消费主要来自于家庭收入，而不是住房资产的财富效应。

第三，利用划分收入阶层的城镇家庭微观数据，将收支不确定性、家庭财富、家庭所处的生命周期阶段等主要影响因素置于统一的分析框架内，使用稳健最小二乘法(OLS)这一估计方法综合检验了各因素对不同收入阶层的城镇居民家庭储蓄率的影响。结果表明,不同收入阶层的城镇居民家庭的消费和储蓄行为具有一定的差异性,尤其是低收入家庭的表现较为特殊。

具体来说,低收入家庭所受到的收支不确定性对储蓄率的影响方向与其他三个收入组(中低收入家庭、中高收入家庭和高收入家庭)相反,收入和家庭规模对低收入家庭的储蓄率有较大的正向影响。家庭的教育支出和医疗保健支出都会导致低收入家庭的储蓄率明显下降。低收入家庭的表现较其他三个收入组明显不同,家庭储蓄率随户主年龄增长而呈现波动式下降的趋势。相比之下,中低收入家庭储蓄率受到收入和消费两方面不确定性的影响程度大致相当,收入和教育、医疗支出对中低收入家庭的储蓄率有较大的负向影响,其中教育支出对储蓄率的抑制作用更强,家庭储蓄率与户主年龄的关系曲线大致呈“U”形。对于中高收入家庭而言,家庭储蓄率受到收入不确定性的正向影响大于支出不确定性的负向影响。资产水平和家庭规模对中高收入家庭的消费具有显著的影响,家庭储蓄率随着户主年龄呈现先下降后持续上升的变化趋势。高收入家庭受到的支出不确定性的负向影响大于收入不确定性的正向影响,收入和资产对高收入家庭的储蓄率有明显的正向作用。家庭的储蓄率在家庭生命周期中的变化与中高收入家庭较为类似,但变动趋势相比于前者更加平缓。

根据以上分析,本研究的政策含义主要包括以下五个方面:

第一,稳定居民的收入预期,创造稳定的宏观就业环境。制度转轨时期产生的不确定性预期对居民家庭的消费和储蓄行为产生的影响较大,不确定性预期会显著降低居民的消费水平。

第二,逐步提高居民收入水平,合理缩小贫富差距,完善收入分配机制。逐步提高居民的收入水平,尤其是中低收入群体的收入水平，有利于释放这部分城镇居民的消费潜力，改善他们的生活质量。完善低收入家庭的保障机制，缩小贫富差距，对促进消费、降低家庭储蓄水平有重要作用。

第三，政府增加教育、养老和医疗等领域的公共支出，尽快完善教育制度和养老保险制度，建立广泛覆盖的医疗保险制度，有助于降低居民在教育和医疗方面的支出预期，尤其是减轻低收入家庭的经济负担。

第四，稳定住房价格，促使居民对住房价格形成稳定的预期。房价上涨过快或价格波动较大都会对居民的买房预期产生影响，从而使其不得不降低消费水平，表现出更加谨慎的消费行为。因此，按照房地产市场供需结构调整住房供给，稳定住房价格，有利于提高居民的消费水平。

第五，健全养老保险制度，降低老年人的养老成本和支出预期。加快养老保险制度改革，建立覆盖全面、保障有力的养老保险制度，提高城镇居民对退休后收入水平的预期，能够降低居民在中老年阶段的储蓄水平，在一定程度上拉动居民消费。

尚　昀

2019 年 3 月 4 日

目　录

第一章　研究背景与概述

自20世纪90年代中期以来，中国居民的储蓄率出现了明显的快速增长趋势，并在此之后始终保持着较高的水平。同一时期，我国主要依靠投资和出口拉动的经济增长模式也呈现出增长后劲乏力的趋势。伴随着环境污染和低资源利用率的粗放投入，在2008年金融危机之后，更是突出了投资导向抑制消费需求、出口需求疲软等内部和外部原因导致的一系列问题。

我国在“十三五”规划中已经明确提出，要转变经济发展方式，发挥消费对经济增长的基础作用。党的十九大报告进一步指出，要增强消费对经济发展的基础性作用，释放居民的消费潜力，扩大居民消费，带动消费结构升级，使消费、投资和出口协调发展，达到消费对经济增长的贡献明显增加的目标。早在1998年，我国就提出要扩大消费支出，但最终我国的消费率却一直在下降，由2000年的63.7%下降到了2010年的49.1%，共计下降了14.6个百分点。在政府推出了一系列刺激需求的政策后，2010年以来，我国的最终消费率开始呈现持续上升的趋势，但在2012年才第一次超过50%，经过长时间的结构调整，2018年最终消费率达到 54.3%，但仍处于较低的水平。[①] 根据国际货币基金组织和世界银行的估计，同一时期世界平均消费率在 80%左右，相比之下，我国的消费率水平明显低于世界平均水平。[②] 中国居民的储蓄率在 20 世纪 90 年代则呈现出明显上升的趋势，并在 2000 年后一直保持在较高的水平上，如 2013 年全球储蓄率排行榜上，中国仅次于卡塔尔和科威特两个中东石油富国，以 51%的居民储蓄率排名第三。

除了通过国际间的横向比较得出我国居民消费水平偏低的结论之外，纵向比较时间序列上我国居民的消费数据也可以看出，我国居民的储蓄水平在不断提高。20 世纪 90 年代以来，我国城乡居民的储蓄存款量连年大幅快速增长。国家统计局的数据显示，1990 年全国城乡居民储蓄存款年底余额仅为 7119.60 亿元，而到了 2013 年，这一数字已增长至 447601.60 亿元，24 年间增长了 62.9 倍，年均增长率为 19.7%。同期，我国国内生产总值从 1990 年的 18667.82 亿元增长至 2013 年的 568845.21 亿元，增长了 30.5 倍。总体来看，居民储蓄额增长速度远快于经济增长速度。对于城镇居民来说，1990 年人均可支配收入为 1510.2 元，2013 年增长至 26955.1 元，仅仅增长了 17.8 倍，远远低于储蓄存款的增长速度。就城镇居民的平均消费倾向来看，也从 1990 年的 0.85 降至 2013 年的 0.67，年均下降 0.78 个百分点。由此产生了鲜明的对比，即我国居民对于增加储蓄的热情很高，而对于消费却相对保守。

1996～2002 年间，我国政府连续 8 次下调利率，并从 1999 年

---

① 参见 http://data.stats.gov.cn/easyquery.htm? cn=C01&zb=A0209&sj=2018.

② 参见李丹:《中国最终消费率过低之谜》，载《上海财经大学学报》2013 年第 1 期。

10月起开征个人利息所得税，希望通过这一系列措施来释放居民储蓄，刺激居民消费，但效果一直不够理想。从中国经济的发展情况来看，自2010年第二季度以来，GDP增长率总体呈现回落态势，之后增速明显放缓，图1-1列出了2005～2014年这10年间我国GDP总量与增长率的发展变化情况，可以看出，我国经济增速自2007年的快速大幅下降之后，又在2010年和2011年经历了连续下滑，2012～2014年的GDP增长率总体稳定在7.3%～7.7%。[①] 截至2015年上半年，我国GDP增速为7%，从经济高速增长的阶段过渡到了中高速增长的经济新常态。根据波特尔的“国家竞争优势”理论[②]，对一个国家而言，建立消费需求稳定的消费型社会，实现主要靠消费拉动的经济增长才是健康可持续的发展模式。因此，我国居民消费行为整体呈现出的高储蓄、低消费现象一直非常受学术界的关注。

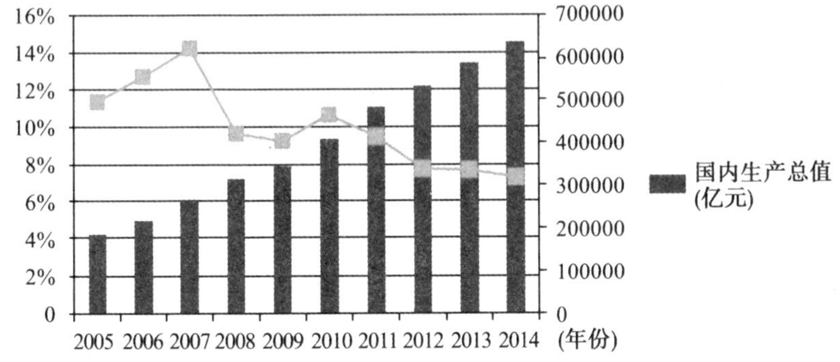

图1-1　2005～2014年我国的GDP总量与增长率

① 参见厉克奥博、潘庆中、伏霖：《新常态下可比居民储蓄率的变动趋势研究》，《经济学报》(第4辑)，清华大学出版社2014年版。

② Michael E. Porter. The Competitive Advantage of Nations[M]. New York: Free Press, 1990.

虽然我国政府一再强调要扩大内需，刺激居民消费，但效果并不理想，居民储蓄仍呈现居高不下的态势，这直接导致了中国居民家庭“低消费、高储蓄”的特点，并在经济运行中引发了一系列深层次的问题。消费作为促进经济增长的“三驾马车”中的重要组成部分，在我国发挥的作用长期以来都要明显小于投资和出口。同时，由于中国居民储蓄中大部分是以银行存款的形式持有，居民储蓄的超常增长造成风险向商业银行集中，这不利于中国金融系统乃至整个国民经济的健康稳定发展。研究我国制度转轨时期城镇居民储蓄超常增长的原因以及居民储蓄的动机，进而找出解决居民储蓄超常增长这一问题的办法，对刺激消费需求增加、促进经济增长具有重要的意义。

第一节 研究目标和研究方法

由于我国长期存在的城乡二元体制结构，在制度转轨的影响方面和影响程度上，相比于农村居民，城镇居民受到的影响更大，消费和储蓄行为也在转轨时期表现出了一定的特殊性。考虑到收入分配改革以来出现的居民贫富差距不断加大、居民收入水平日益分化的现状，我们有理由认为不同收入水平的居民可能具有不同的消费和储蓄行为，因此，本研究在探讨城镇居民的消费和储蓄行为时，注重从不同收入阶层这一角度来进行分析，试图检验不同收入阶层的居民家庭消费行为的主要影响因素及受影响程度。

一、研究目标

本研究主要选取预防性储蓄及不确定性、家庭资产和人力资本的角度对不同收入阶层的城镇居民消费和储蓄行为进行实证检验，分析解释这三个方面对不同收入水平的居民家庭消费和储蓄水平的影响程度及渠道。为分析经济转轨时期居民家庭消费和储蓄行为的影响因素，围绕选取的研究视角，按照分步—整合的研究逻辑，本研究试图通过理论和实证分析来回答以下几个问题：

第一，不同收入阶层的城镇居民预防性储蓄行为是怎样的？预防性储蓄动机强度如何？受到的流动性约束对消费行为的影响如何？

第二，作为家庭财富的组成部分，家庭资产和人力资本对城镇居民家庭消费水平的影响程度如何？

第三，将收入和支出两方面的预防性储蓄动机、家庭财富和家庭生命周期等几个主要的消费影响因素放在同一分析框架中，综合起来看，各因素对不同收入阶层的城镇居民家庭储蓄率水平会产生怎样的影响？

二、研究方法

本研究对以上问题的探讨主要采取理论分析与实证检验相结合的方法来进行，理论分析是研究的基础和前提，实证检验是研究的重点部分。

本研究的理论分析部分以现代消费理论为基础，综合了在生命周期—持久收入理论基础上发展起来的预防性储蓄理论和资产财富效应以及人力资本理论，将考虑了人力资本的家庭财富作为家庭消费行为的影响因素，对经济转轨时期影响城镇居民家庭消费和储蓄行为的主要因素分别进行了分析，再将其统一到同一个分析框架中。

实证分析部分是本研究的探讨重点。基于改革开放以后我国居民收入差距不断拉大的现实情况，本研究从多角度、分层次地对预防性储蓄和由家庭资产、人力资本共同构成的家庭财富与我国不同收入阶层的城镇居民消费和储蓄行为的关系进行了详细分析。在数据方面，笔者综合利用了不同收入阶层的宏观面板数据和具有丰富家庭信息的微观截面数据，从宏观和微观的双重角度考察了不同收入阶层城镇居民家庭的消费和储蓄行为。在计量方法方面，针对预防性储蓄行为的研究中，基于迪南的预防性储蓄模型，考虑到稳健性原则，同时采用了两阶段最小二乘法(2SLS)和广义矩估计(GMM)的计量方法，选取消费增长率的平方项作为度量指标，对不同收入阶层城镇居民的不确定性，对我国城镇居民预防性储蓄动机的强度、所受流动性约束和消费习惯等因素进行了实证检验。在开展针对不同收入阶层之间城镇居民消费行为的异质性研究时，按照各收入组的城镇居民所受流动性约束的实际情况进行了再分组，并利用随机系数模型对个体效应和整体效应同时进行了检验，细致分析了不同收入阶层间城镇居民的预防性储蓄行为。在处理微观数据时，考虑到数据的可得性和数据特征，笔者充分利用已有数据，选取稳健最小二乘法这一估计方法进行了数据分析。

另外，为了提高实证结果的说服力和科学性，力求能够全面地分析城镇居民的预防性储蓄动机和家庭财富对城镇居民消费及储蓄行为的影响，本研究运用了对比分析的方法。在分析城镇居民家庭的预防性储蓄行为时，注重分析不同收入阶层之间消费行为的差异对比；在分析家庭财富的影响时，基于微观数据对家庭的资产情况进行了详细的划分，并对比了各类家庭资产和各项人力资本等家庭财富对城镇居民家庭消费和储蓄行为的影响。

第二节 研究思路和主要内容

改革开放40多年来，中国经历了教育、医疗、住房、养老、企事业单位和收入分配等多方面的改革，目前各项经济制度改革已经进入深水区。各项制度变化从宏观和微观角度对居民的生活产生了不同层次、不同深度的影响，居民未来生活的不确定性由此也在不断发生着变化，对于家庭消费和收入的预期也在进行相应的调整。在这样的经济背景之下，引入不确定性的西方预防性储蓄理论可为研究中国居民相对低消费、高储蓄的现象提供较为有力的分析工具和分析思路。

一、研究思路

根据生命周期—持久收入理论和缓冲存货理论，消费者在生命周期中进行跨期消费决策时，不仅受到可支配收入的影响，而且还受到持有的财富水平的影响。收入和财富水平同时决定了消费者在生命周期内的消费行为。缓冲存货理论提示我们，当消费者同时兼具不耐性和谨慎两种特征时，就会倾向于积累一定目标比例的财富，以应对未来的不确定性。在物价水平不断上升的经济背景下，持有不同类型的财富能够更好地保值增值。对不同类型的财富如何影响城镇居民家庭消费和储蓄行为的研究有助于解释居民储蓄水平偏高的内在原因。

本研究以不同收入阶层的城镇居民家庭为研究对象，以生命周期—持久收入理论和缓冲存货理论为基础，综合了预防性储蓄理论、资产财富效应和人力资本理论，采用理论归纳、实证检验和对比分析等多种研究方法，在分别检验之后将不同的影响因素纳入到同一个分析框架中，对不同收入阶层的城镇居民家庭消费和储蓄行为进行了详细的考察，对影响居民家庭消费和储蓄行为的主要因素进行了分析，并提出了促进居民消费的相应政策建议。本研究的技术路线如图 1-1 所示。

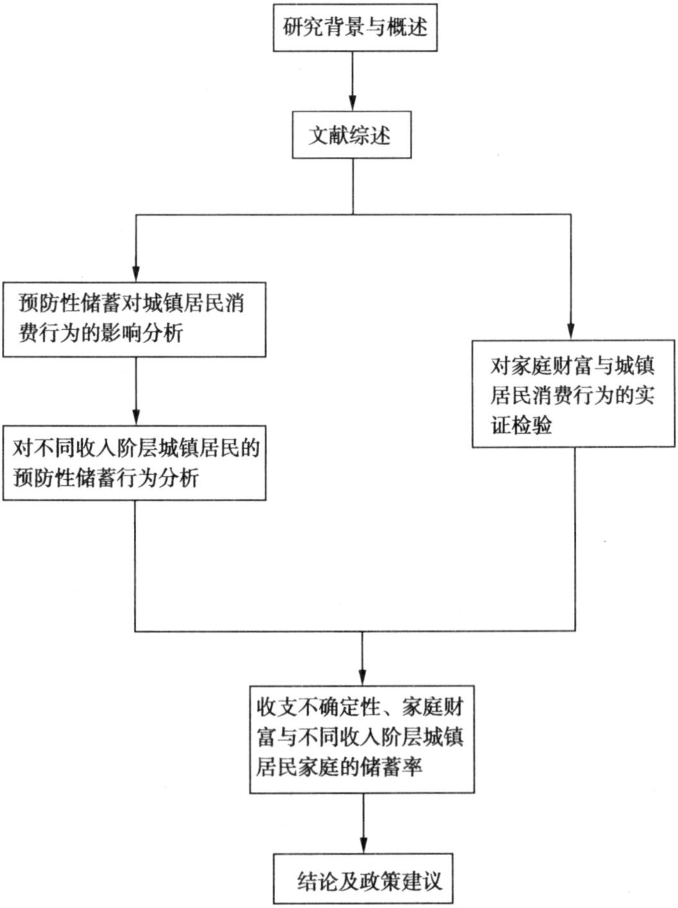

图 1-1　本研究的技术路线

具体来看，本研究以生命周期—持久收入理论和缓冲存货理论为基础，在归纳总结了基础理论并梳理了国内外相关文献之后，在预防性储蓄理论框架内考察了不同收入阶层居民家庭面临的不确定性、所受流动性约束以及消费习惯对家庭消费行为的影响，比较了不同收入阶层之间家庭消费行为的影响因素和影响程度的差异。考虑到收入之外，家庭资产和人力资本同样是影响居民消费水平的重要因素，因此在分析家庭财富对居民消费水平的影响时，在已有文献理论的基础上，将家庭资产和人力资本同时作为家庭财富的组成部分，详细区分了不同类型的家庭资产，同时将教育人力资本和健康人力资本这两个最重要的人力资本构成引入分析框架中。在分析家庭资产和负债情况对消费行为的影响时，对比分析了总资产与净资产对家庭消费水平的影响。考虑到性别比失衡的社会背景导致有未婚子女的家庭为提高其子女在婚姻方面的竞争力而增加家庭消费支出，本研究逐一考察了各个影响因素对家庭消费水平的影响，并检验了家庭中有未婚子女对家庭消费行为的影响。为了回答城镇居民储蓄率持续偏高的问题，本研究将以上两类影响家庭消费行为的主要因素，即收支不确定性和家庭财富纳入同一分析框架中，探讨了其对家庭储蓄率水平的影响。

二、主要研究内容

本书共分七章，第一章为研究背景与概述，提出了本研究的主要问题及分析框架，第二、三章是本研究的理论分析基础，第四、五、六章是本研究的实证检验部分，第七章是结论和政策含义。

第一章为研究背景和概述，主要介绍了本研究的研究思路和研究内容，包括研究背景、研究意义、研究目标、研究方法、研究思路和主要内容以及本研究的主要创新点与不足。

第二章为文献综述，主要分为预防性储蓄、家庭财富和不同收入阶层的消费行为三个部分，整理了预防性储蓄理论和家庭财富对居民消费行为影响的国内外文献以及国内基于不同收入阶层的视角对居民消费行为进行分析的研究成果。

第三章为预防性储蓄对城镇居民消费行为的影响分析。针对我国制度转轨的宏观背景，讨论了预防性储蓄理论在解释中国城镇居民储蓄水平保持在较高水平这一现象的适用性，并具体分析了失业水平、教育、养老保险、医疗保障和住房等方面的变化对收支不确定性的影响来进行补充说明。

第四章对不同收入阶层城镇居民的预防性储蓄行为进行了实证检验，使用收入阶层七分组的城镇居民抽样调查结果构造面板数据，考虑到收入阶层间所受流动性约束的异质性，将七分组的家庭样本再次划分为低收入组和中高收入组两个类别，运用两阶段最小二乘法和随机系数模型，实证检验了实际利率、不确定性、流动性约束和消费习惯对不同收入阶层城镇居民消费行为的影响。

第五章对家庭财富如何影响城镇居民的消费行为进行了实证检验，针对家庭资产的不同分类，根据影响消费的作用机制区分了家庭资产的资产效应和财富效应，并就住房资产、金融资产和生产性固定资产、拥有房产数量以及家庭中有无未婚子女等多组因素对城镇居民消费水平的影响进行了对比分析。

第六章对收支不确定性、家庭财富与不同收入阶层城镇家庭储蓄率的关系进行了实证检验，使用微观家庭调查结果构造横截面数据，运用稳健最小二乘法对收支不确定性、家庭财富和家庭生命周期等因素对不同收入阶层城镇居民消费和储蓄行为的影响进行了对比分析，表明了不同收入阶层城镇居民消费行为受到的主要影响及其异质性。

第七章为本书的结论和政策含义，主要对研究的分析结论进行了总结，并针对主要结论提出了本研究的政策含义。

第三节　主要创新点与研究不足

一、主要创新点

本研究主要在以下三个方面有所尝试和创新：

第一，根据流动性约束的异质性，对收入阶层分组数据进行了再划分，通过实证检验发现，预防性储蓄的动机强度随着收入水平的提高呈现先上升后下降的趋势，而流动性约束主要对较低收入群体的消费行为有抑制作用。

在研究城镇居民的预防性储蓄行为时，基于不同收入阶层的研究视角，构造了按照收入分组的动态面板数据，全面考察了不同收入阶层之间的城镇居民家庭消费和储蓄行为受到不确定性、流动性约束和消费习惯等因素的影响及其差异性，在一定程度上填补了相关研究领域的不足。根据不同收入水平的城镇居民所受流动性约束的异质性的实际情况，将不同收入阶层的城镇居民家庭进一步划分为受到流动性约束和流动性约束程度不确定两组，运用动态面板数据构建了随机系数模型，分别对两组居民家庭的预防性储蓄行为进行了检验，增强了检验结果的可靠性，提高了对现实情况的解释力。

第二，将人力资本作为家庭财富的组成部分，对比分析了不同类型的家庭财富对城镇家庭消费行为的影响。

本研究利用对中国家庭的微观追踪调查数据，将附着于家庭成员人身的人力资本作为家庭财富的组成部分，引入到家庭财富与城镇居民家庭消费和储蓄行为的分析框架中，选取以户主受教育程度为代理变量的教育人力资本和以家庭医疗支出为代理变量的健康人力资本进行量化处理。为更好地体现不同类型的家庭财富对城镇居民家庭消费和储蓄行为的影响程度和影响机制，本研究运用对比分析法，分别对家庭总资产与净资产之间，家庭现住房产和非现住房产之间，住房资产、金融资产和生产性固定资产之间，一套房产家庭和多套房产家庭之间，教育人力资本和健康人力资本之间，家中是否有未婚子女等多组因素对家庭消费行为的影响进行了比较分析，充分讨论了不同类型的家庭财富对家庭消费行为影响的异质性。

第三，本研究同时考虑了预防性储蓄动机、家庭财富和生命周期对各个收入阶层家庭储蓄率的影响，低收入家庭的消费行为表现特殊。

利用划分收入阶层的城镇家庭微观数据，将预防性储蓄动机、家庭财富和家庭所处的生命周期阶段等因素整合到同一分析框架中，运用稳健最小二乘回归估计方法对不同收入阶层城镇家庭的储蓄率影响因素及渠道进行了实证检验，对比分析了收入水平差异下的城镇家庭消费和储蓄行为。研究发现，低收入群体的消费行为表现较为特殊，中高收入家庭和高收入家庭的消费行为表现较为接近。本研究最后提出的针对促进不同收入阶层居民家庭的消费水平的政策建议具有一定的参考价值和实践意义。

二、研究的不足

本研究主要存在以下两方面的不足：

第一，由于消费理论和我国居民消费行为的复杂性，本研究的理论分析部分在深度上有所欠缺。研究对预防性储蓄理论的说明有所偏重,但是对家庭资产和人力资本的理论分析不够深入,尤其是资产水平和价格波动与经济发展密切相关且联系复杂,需要更全面的分析框架进行深入详细的研究。

第二,受数据可得性的限制,本研究在实证检验中使用的数据在时间长度上较短,尤其是微观家庭数据时间较短。由于引入上期消费水平等滞后项造成了样本量的损失,因此不能构造成数据信息量更大的面板数据。如果能够获取更长时间维度的宏观和微观数据,将能提高本研究实证结果的说服力。

第二章　文献综述

第一节　预防性储蓄与居民消费

中国在经济快速发展时期出现了居民储蓄水平持续升高并保持在较高水平的现象，已有许多文献对此进行了相关研究和分析。其中，预防性储蓄理论建立在效用跨期最优的框架下，引入收入不确定性的影响，有助于对转轨时期的中国居民消费和储蓄行为进行分析研究。

一、预防性储蓄理论的产生背景

凯恩斯在提出“消费倾向”的概念时，就暗含着人们为了预防不确定性因素导致的风险而进行财富积累的动机，但他的“绝对收入”理论认为，影响当期消费的唯一因素就是当期收入，各期消费之间没有影响，也不存在不确定性。弗里德曼和莫迪利安尼后来相继提出了“持久收入假说”(PIH)[①]和“生命周期假说”(LCH)[②],将消费的即期决策推广到整个生命周期的跨期决策中,认为消费者具有理性,会按照其一生的效用最大化原则将自己的财富和收入在各期内均匀分配。持久收入—生命周期假说在提出之后较长一段时间内都被作为研究居民消费与储蓄问题的主要理论框架。在持久收入—生命周期假说的理论中,边际消费函数的效用函数为线性效用函数,不确定性对当期消费没有任何影响。

费舍尔和弗里德曼发现,当个人职业收入中包含更多的风险时,个人将选择进行更多的储蓄,也就是预防性储蓄。[③④] 第一个对预防性储蓄模型进行定量分析的是雷兰德,他对预防性储蓄的定义是“由未来不确定性收入而引起的额外储蓄”[⑤],由此明确了西方预防性储蓄理论中收入的不确定性对个人储蓄行为的影响作用。雷兰德构建了两时期模型,指出当效用函数的三阶导数大于0,即边际效用函数为凸函数时,确定性等价不再成立,不确定性将增加未来边际效用的预期值,使边际效用的预期值大于预期消费的边际效用值。桑德姆也分析了两时期的情形,在模型中他不仅分析了收入不确定性对消费和储蓄行为的影响,而且还分析

---

① M. Friedman. A Theory of the Consumption Function[M]. Princeton University Press, Princeton, NJ, 1957.

② F. Modigliani, S. L. Cao. The Chinese Saving Puzzle and the Life-Cycle Hypothesis[J]. *Journal of Economic Literature*, 2004: 145-170.

③ Malcolm Fisher. Exploration in Saving Behavior[M]. Oxford University Institute Statistics Bulletin 18,1956, (8): 201-227.

④ M. Friedman. A Theory of the Consumption Function[M]. Princeton University Press, Princeton, NJ, 1957.

⑤ H. E. Leland. Saving and Uncertainty: The Precautionary Demand for Saving[J]. *The Quarterly Journal of Economics*, 1968, 3(82): 465-473.

了资本投资收益中的不确定性对消费者的消费行为具有收入效应和替代效应两方面的影响。[①] 米勒和西伯利又把雷兰德对预防性储蓄的研究从两时期模型推广到多时期动态决策模型，强调了凸的边际效用函数是产生预防性储蓄的必要条件。[②③]

二、对国外预防性储蓄研究的文献回顾

继20世纪60年代末预防性储蓄理论被正式提出之后，对预防性储蓄的研究也逐渐丰富起来。斯金纳以职业类型代表不确定性，度量了美国人的预防性储蓄动机，发现职业收入风险最高的群体（如商人和自我雇佣者）的储蓄率相比于其他职业的人更高，并认为持久性收入的波动对于预防性储蓄具有决定性的影响。[④] 测算结果显示，预防性储蓄在整个生命周期储蓄中的比例为54%左右。吉索等使用1989年意大利收入和财产调查中对未来收入不确定性的自我评估数据进行了分析，认为不确定性对财富积累的影响确实能够减少谨慎行为，但是预防性储蓄平均只占家庭净资产的2%左右。[⑤] 在劳动收入不确定性的假设下，卡罗尔使用失业率的期望值作为收入不确定性的指标。由于经历失

---

① A. Sandmo. The Effect of Uncertainty on Saving Decisions[J]. *The Review of Economic Studies*, 1970, 3(37): 353-360.

② B. L. Miller. The Effect on Optimal Consumption of Increased Uncertainty in Labor Income in the Multiperiod Case[M]. Springer Berlin Heidelberg, 1976: 799-819.

③ D. S. Sibley. Permanent and Transitory Income Effects in a Model of Optimal Consumption with Wage Income Uncertainty[J]. Journal of Economic Theory, 1975, 1(1): 68-82.

④ J. Skinner. Risky Income, Life Cycle Consumption, and Precautionary Saving[J]. *Journal of Monetary Economics*, 1988, 22(2): 237-255.

⑤ L. Guiso, T. Jappelli, D. Terlizzese. Earnings Uncertainty and Precautionary Saving[J]. *Journal of Monetary Economics*, 1992, 30(2): 307-337.

业的人在劳动收入水平上会有一个大幅的下降，因此消费增长的方差会较大。①

哈尔在生命周期—持久收入假说中引入了理性预期，运用严密的数学逻辑推导出了确定性等价条件下的消费函数。虽然他在模型中首次引入了收入不确定性，但是边际效用函数却设定为线性。② 哈尔通过研究认为，各期消费服从带漂移的随机游走，收入不确定性对消费不产生任何影响。后来，弗莱文发现消费变动与收入变动具有显著的相关性，消费具有“过度平滑性”，而对收入具有“过度敏感性”。③ 这种带有理性预期的消费假说不能解释以上这两种现象。直到泽尔德斯和卡巴雷罗提出考虑收入不确定性的预防性储蓄理论，才解释了消费的“过度平滑性”和对收入的“过度敏感性”。④⑤

金伯尔研究了风险规避与预防性储蓄动机之间的关系，他使用效用函数的三阶导数，利用绝对风险规避系数和相对风险规避系数构造出了“绝对谨慎性系数”（$-v'''/v''$）和“相对谨慎性系

① C. D. Carroll, R. E. Hall, S. P. Zeldes. The Buffer-stock Theory of Saving: Some Macroeconomic Evidence[J]. *Brookings Papers on Economic Activity*, 1992(2): 61-156.

② R. E. Hall. Stochastic Implications of the Life Cycle-Permanent Income Hypothesis: Theory and Evidence[J]. *Journal of Political Economy*, 1978, 86(6): 971-987.

③ M. A. Flavin. The Adjustment of Consumption to Changing Expectations about Future Income[J]. The Journal of Political Economy, 1981, 5(89): 974-1009.

④ ⑥S. P. Zeldes. Optimal Consumption with Stochastic Income: Deviations from Certainty Equivalence[J]. *Quarterly Journal of Economics*, 1989, 104(5): 275-298.

⑤ ⑦R. J. Caballero. Consumption Puzzles and Precautionary Savings[J]. *Journal of Monetary Economics*, 1990, 1(25): 113-136.

数”($-v'''/v''$)作为度量预防性储蓄动机的指标。① 金伯尔在研究中发现，随着谨慎动机的提高，边际消费倾向将由于未来收入的不确定性而呈现出不断下降的趋势。卡罗尔和山姆维奇分别使用金伯尔提出的相对等价性谨慎溢价的对数、收入方差以及收入对数的方差度量了家庭面临的收入不确定性，研究结果表明，这三种指标代替收入不确定性的结果比较令人满意，也比较一致。②

在预防性储蓄规模大小的测算方面，斯金纳、泽尔德斯和卡罗尔等运用了数值模拟的方法。③④⑤ 泽尔德斯使用常相对风险规避效用函数计算了不同财富水平下预防性储蓄与最优消费的数量关系。⑥ 卡罗尔运用数值模拟的方法计算了存在不确定性的预防性储蓄框架下的最优消费，并与确定性等价条件下的最优消费进行了比较，解释了预防性储蓄在财富积累中的作用。⑦ 用

---

① M. S. Kimball. Precautionary Saving in the Small and in the Large[J]. *Econometrica: Journal of the Econometric Society*, 1990, 58(1): 53-73.

② C. D. Carroll, A. A. Samwick. How Important Is Precautionary Saving?[J]. *Review of Economics and Statistics*, 1998, 80(3): 410-419.

③ J. Skinner. Risky Income, Life Cycle Consumption, and Precautionary Saving[J]. *Journal of Monetary Economics*, 1988, 2(22): 237-255.

④ S. P. Zeldes. Optimal Consumption with Stochastic Income: Deviations from Certainty Equivalence[J]. Quarterly Journal of Economics, 1989, 104(5): 275-298.

⑤ C. D. Carroll, R. E. Hall, S. P. Zeldes. The Buffer－stock Theory of Saving: Some Macroeconomic Evidence[J]. *Brookings Papers on Economic Activity*, 1992, 2: 61-156.

⑥ S. P. Zeldes. Optimal Consumption with Stochastic Income: Deviations from Certainty Equivalence[J]. *Quarterly Journal of Economics*, 1989, 104(5): 275-298.

⑦ C. D. Carroll. Death to the Log-Linearized Consumption Euler Equation![J]. Advances in Macroeconomics, 2001, 1(1): 1-36.

数值模拟的方法计算特定效用函数下的预防性储蓄较为准确，但会受到模型维度和参数设定的限制，具有一定的局限性。①

在研究预防性储蓄的动机强度方面，迪南②在金伯尔③对相对谨慎系数研究的基础上，没有直接测算收入不确定性，而是选取消费的变化作为风险的度量指标，认为消费变化只受未预期的收入变动的影响。可预期的收入变动对消费并没有影响，而未预期的收入变动反映的才是真实风险。在建立的模型中，他对欧拉方程的一阶条件进行泰勒公式二阶展开，得到了预期消费增长率与风险厌恶系数、相对谨慎系数及预期消费增长率之间的关系，并运用 1985 年美国消费者支出调查(CES)中的家庭季度消费数据进行了实证检验，但结果显示居民的相对谨慎系数很小，因此他认为调查对象中不存在预防性储蓄动机。虽然后来的诸多实证研究结论与此相悖，但迪南提出的预防性储蓄的模型和方法简单易行，得到了普遍的推广应用，成了大多数预防性储蓄动机强度经验研究所采用的经典模型。

随着预防性储蓄动机强度研究的逐渐发展，流动性约束被纳入了预防性储蓄的分析框架之中。卡罗尔等④在迪顿⑤的研究基础上，将流动性约束假说与预防性储蓄理论结合起来，构建了储

---

① 参见郭香俊、杭斌：《预防性储蓄重要性的测算方法及其比较》，载《统计研究》2009 年第 11 期。

② K. E. Dynan. How Prudent Are Consumers? [J]. *Journal of Political Economy*, 1993, 101(6): 1104-1113.

③ M. S. Kimball. Precautionary Saving in the Small and in the Large[J]. Econometrica: Journal of the Econometric Society, 1990, 1(58): 53-73.

④ C. D. Carroll, R. E. Hall, S. P. Zeldes. The Buffer－stock Theory of Saving: Some Macroeconomic Evidence[J]. *Brookings Papers on Economic Activity*, 1992, 2: 61-156.

⑤ A. S. Deaton. Understanding Consumption[M]. Oxford University Press, 1992.

蓄的缓冲存货模型，认为消费者进行储蓄的根本目的是使其未来消费免受未预期到的收入不确定性的影响，即当收入不确定性对消费水平出现冲击的时候，能够动用缓冲存货储蓄来平滑各期消费，使其不会出现过大的波动。缓冲存货模型假设消费者既是不耐心的又是谨慎的，并且存在一个目标净财富水平，如果财富积累超过这一目标，不耐心的动机将比谨慎更强烈，消费者将倾向于多消费；若财富积累低于目标水平，谨慎将克服不耐心动机，消费者将进行储蓄以增加财富。当失业预期存在时，行为人将变得更悲观，他们将调高目标财富水平，并增加储蓄以达到新目标。

20 世纪 90 年代以来，将习惯形成作为影响跨期最优决策的因素引入到预防性储蓄框架中是该理论的一大突破。迪顿认为，效用不是直接来自于当期消费，而是从当期消费中减去“习惯存量”的有效消费，习惯形成下的消费行为类似于谨慎行为。① 在习惯形成的影响下，消费者会减少当期消费以提高未来一段时间内的效用水平。阿莱西和卢萨尔迪同时考察了确定性等价和不确定性等价下的习惯形成模型，在不确定性等价模型中用收入的方差表示不确定性，结果表明，习惯形成越强，消费行为越谨慎，边际消费倾向越低，同时还降低了收入不确定性对消费的影响程度。② 卡罗尔、奥夫兰和韦尔认为，假设效用函数部分受到消费与“习惯存量”的影响，由过去消费行为决定的“习惯存量”就对短期储蓄有正向的冲击，也就是习惯形成增加了消费者的预防性储蓄动机，这也解释了经济增长的同时储蓄水平没有下降反而在提

---

① A. S. Deaton. *Understanding Consumption*[M]. Oxford University Press, 1992.

② R. Alessie, A. Lusardi. Consumption, Saving and Habit Formation[J]. *Economics Letters*, 1997, 55(1): 103-108.

高的现象。[1] 然而，学术界关于习惯形成对消费的影响并没有达成一致意见。迪南运用美国收入动态面板调查中的食品消费数据和消费者支出调查数据中的非耐用消费和服务消费数据，构建了具有习惯形成因素的生命周期消费模型，但是并没有发现习惯形成的证据。[2] 梅吉尔和韦伯研究了美国居民家庭支出的调查数据，同样没有发现习惯形成的证据。[3]

三、对国内预防性储蓄研究的文献回顾

20 世纪 90 年代末，西方预防性储蓄理论被引入中国。当时中国正处于经济转轨时期，预防性储蓄对于不确定性、流动性约束和习惯形成等因素的分析对研究特殊时期中国居民的消费和储蓄行为具有重要的借鉴意义和应用价值。

（一）基于收入不确定性的预防性储蓄研究

由预防性储蓄的定义可知，收入不确定性是居民预防性储蓄的产生根源，因此，研究预防性储蓄行为必须要对收入不确定性进行界定和度量。选取合适的不确定性度量指标一直是学界的难题，国内学者对此进行了大量探讨和研究。总体来看，国内研究仍然以西方主流消费理论为框架，在预防性储蓄行为和居民消费行为中，重点研究对不确定性因素的度量，并通过实证检验或逻辑推导证明经济改革以来收入的不确定性对居民消费行为的

---

① C. D. Carroll, J. Overland, D. N. Weil. Saving and Growth with Habit Formation[J]. *American Economic Review*, 2000, 90(3): 341-355.

② K. E. Dynan. Habit Formation in Consumer Preferences: Evidence from Panel Data[J]. *American Economic Review*, 2000, 90(3): 391-406.

③ C. Meghir, G. Weber. Ontertemporal Nonseparability or Borrowing Restrictions? A Disaggregate Analysis using a U. S. Consumption Panel[J], *Econometrica*, 1996, 64(5): 1151-1181.

影响越来越重要。

对收入不确定性的度量一直是相关研究领域的重点和难点。总体来看，国内针对收入不确定性的测量指标及方法主要有以下三类：第一，根据职业、收入水平和地区等因素对收入进行分组，计算出收入的方差、均方差或标准差等指标；第二，利用实际收入数据和预期收入数据构造出实际值与趋势值的偏差的各类指标；第三，构造比值类指标，如收入与消费的比值类指标和社会保障覆盖率等。此外，还有学者选取或构造了其他指标，如基尼系数和调整离差率等。按照不同的度量方法得出的中国城乡居民不确定性和预防性储蓄重要性的结论也不尽相同。

1. 使用方差类指标的研究

宋铮首次对中国居民的预防性储蓄行为进行了研究，其选取了 1985～1997 年的年度时序数据，并使用城市居民的收入标准差作为度量居民未来收入不确定程度的指标。① 分析结果表明，收入对中国居民的储蓄几乎没有影响，而收入的不确定性对于城乡居民储蓄的影响却十分显著。孙凤采用样本城市居民的收入标准差月度数据作为度量中国城镇居民未来收入不确定性的指标，发现当期收入对消费具有显著的影响，同时收入不确定性对本期消费有负影响。②

在中国学界，引入预防性储蓄理论分析之后，越来越多的学者开始运用迪南提出的预防性储蓄测算模型③分析中国城乡居民的消费和储蓄行为，使用方差类指标度量不确定性的方法得到

① 参见宋铮：《中国居民储蓄行为研究》，载《金融研究》1999 年第 3 期。

② 参见孙凤：《预防性储蓄理论与中国居民消费行为》，载《南开经济研究》2001 年第 1 期。

③ K. E. Dynan. How Prudent Are Consumers? [J]. Journal of Political Economy, 1993, 6(101): 1104-1113.

了广泛应用。龙志和、周浩明利用迪南研究中使用的收入增长率的平方作为工具变量，代替消费增长率的平方，还在工具变量中加入了物价增长率及其平方，以分别调整对常数项和消费增长率平方项的估计。① 研究结果表明，城镇居民存在显著的预防性储蓄动机。施建淮、朱海婷和张玉周用消费增长率的平均值作为未来消费增长率预期值的近似，分析认为未来收入的不确定性对当前消费有负向影响，估计出的相对谨慎系数表明，城市居民具有预防性储蓄动机，但并不像人们预想的那样强烈。②③ 易行健等选择省际面板数据，首次对中国不同地区农村居民的预防性储蓄动机强度进行了测算，并选取相对谨慎性系数来衡量预防性储蓄动机强度，发现中国农村居民存在很强的预防性储蓄动机，且在动机强度上西部地区大于东部和中部地区。④ 郭英彤按照地区将样本分组，用核密度估计得到的每组家庭收入的序列平均值作为预期家庭总收入，以此计算收入方差作为名义收入不确定性，并用同样的方法从家庭总收入序列中得到了实际收入的不确定性。⑤ 实证结果表明，不论是名义收入不确定性还是实际收入不确定性，都对家庭资产净增量有显著的负向影响。徐绪松、陈彦斌将不确定性分解为利率波动的不确定性和消费增长率的不确

① 参见龙志和、周浩明：《中国城镇居民预防性储蓄实证研究》，载《经济研究》2000 年第 11 期。

② 参见施建淮、朱海婷：《中国城市居民预防性储蓄及预防性动机强度：1999～2003》，载《经济研究》2004 年第 10 期。

③ 参见张玉周：《基于 Dynan 模型的农村居民预防性储蓄动机研究——以河南为例》，载《数理统计与管理》2013 年第 3 期。

④ 参见易行健、王俊海、易君健：《预防性储蓄动机强度的时序变化与地区差异——基于中国农村居民的实证研究》，载《经济研究》2008 年第 2 期。

⑤ 参见郭英彤：《收入不确定性对我国城市居民消费行为的影响——基于缓冲储备模型的实证研究》，载《消费经济》2011 年第 6 期。

定性，用二者的条件方差作为度量不确定性的指标。①

有些针对预防性储蓄的研究依据储蓄产生的原因建立了模型，度量了预防性储蓄的重要性，如臧旭恒、裴春霞分析得出，预防性储蓄是由于有风险的收入而使消费者减少的消费量，认为消费者的预防性储蓄行为是由其面临的收入不确定性和代表谨慎程度的边际价值函数的凸性共同决定的。② 秦朵则运用间接的方法，即先用收入等变量解释消费，再用收入与被解释的消费之差得出潜在储蓄能力来突出我国居民以当前消费需求为主的实际状态，通过构造城镇和农村居民收入的加权均方差来体现收入的不确定性。③ 其分析认为，收入不确定性导致的预防性储蓄动机主要来自城镇，农村的效应基本可以忽略不计。同样认为农村居民的预防性储蓄动机不强的还有杜宇玮、刘东皇。④

2. 使用实际值与趋势值偏差的研究

除了广泛应用的方差类指标外，还有学者使用实际值与趋势值的偏差来描述不确定性。这种方法的依据是收入不确定性可以用收入产生的波动表示，而收入的波动是由收入的长期趋势值与短期实际值的差值度量的。这种方法的难点在于对趋势值的准确测度。

裴春霞、孙世重使用动态建模的方法，使用时间序列数据，分别利用考察期内人均 GDP 对数和人均 GDP 增长率的趋势值与

① 参见徐绪松、陈彦斌：《预防性储蓄模型及其不确定性分解》，载《数量经济技术经济研究》2003 年第 2 期。

② 参见裴春霞、孙世重：《流动性约束条件下的中国居民预防性储蓄行为分析》，载《金融研究》2004 年第 10 期。

③ 参见秦朵：《居民储蓄——准货币之主源》，载《经济学》2002 年第 2 期。

④ 参见杜宇玮、刘东皇：《预防性储蓄动机强度的时序变化及影响因素差异——基于 1979～2009 年中国城乡居民的实证研究》，载《经济科学》2011 年第1 期。

实际值的差值的绝对值及其平方两组变量来替代不确定性。① 臧旭恒、裴春霞选取各省实际人均可支配收入(农村地区选取人均纯收入)增长率的趋势值与实际值的差额的绝对值及其平方来度量不确定性。② 对比城乡居民的消费和储蓄行为发现,面对同样的不确定性,农村居民的反应比城镇居民更为敏感,而城镇居民的消费与储蓄行为受流动性约束的程度比农村居民更大。

3.构造比值类指标的研究

相比于方差类和趋势差值类指标,使用比值类指标对预防性储蓄行为进行描述具有更多、更灵活的选择空间,研究方法也不再局限于对收入和消费波动的直接分析。田岗构造了一个包含融资约束的预防性储蓄模型,选取了农村居民收入增长率与消费增长率的比值,认为不确定性因素可能造成的风险会降低居民的消费效用,为了在心理上维持原有的效用水平,农村居民会根据收入增长状况调整消费量。这一比值越高,说明居民收入的增长中用于消费增长的越少,消费行为越谨慎。③

还有学者将对不确定性的度量研究扩展到了中国转轨时期居民预防性储蓄产生的宏观背景因素,尤其是社会保障制度变革或不完善导致的不确定性因素上。沈坤荣、谢勇主要选取社会保障事业的发展状况和宏观经济环境的稳定性两个方面对其加以界定,因而选取了养老保险和医疗保险两个险种的参保人数占当

---

① 参见裴春霞、孙世重:《流动性约束条件下的中国居民预防性储蓄行为分析》,载《金融研究》2004年第10期。

② 参见臧旭恒、裴春霞:《预防性储蓄:产生及其决定》,载《东岳论丛》2004年第6期。

③ 参见田岗:《不确定性、融资约束与我国农村高储蓄现象的实证分析——一个包含融资约束的预防性储蓄模型及检验》,载《经济科学》2005年第1期。

年城镇就业人口的比例作为指标。[①] 用这种方法度量不确定性时，仅就社会保障当中的两个重要组成部分进行考察，突出了社会保障对于降低不确定性的作用，认为社会保险的覆盖面越广，城镇居民抵御相关风险的能力越强，所面临的不确定性越弱，从而储蓄率（尤其是预防性储蓄率）将会越低。柴国俊在考察房屋拆迁对居民家庭消费水平的影响时提出，居民主要有两种提高预防性储蓄的动机：一种是提高社会地位的动机，另一种是社会保障反映的不确定性动机。在检验这两种动机时，选取同一村（居）委会的户主年龄上下 10 岁以内的组别的家庭收入基尼系数表示提升社会地位动机的空间风险，又选取户主是否购买社会养老保险度量社会保障情况。[②] 实证结果表明，社会地位寻求动机会刺激拆迁户中的租房家庭（其相比于拆迁户中有两套及以上住房的家庭是弱势的）提高消费水平，而社会保障对于不同类型拆迁户的消费水平影响并不显著。

4. 选取其他指标的研究

王健宇归纳比较了收入不确定性的测算方法之后，引入了调整离差率的衡量指标，使用一段时间（步长）内的收入平均增长率作为收入的预期增长率，并用预期增长率计算出预期收入的大小。[③] 他将当期实际收入与预期收入的差值定义为调整离差，调整离差率就是调整离差和当期预期收入的比值，表示预期之外的收入波动在预期收入中所占的比例。这个指标能够反映收入的

---

① 参见沈坤荣、谢勇：《不确定性与中国城镇居民储蓄率的实证研究》，载《金融研究》2012 年第 3 期。

② 参见柴国俊：《房屋拆迁能够提高家庭消费水平吗？——基于中国家庭金融调查数据的实证分析》，载《经济评论》2014 年第 2 期。

③ 参见王健宇：《收入不确定性的测算方法研究》，载《统计研究》2010 年第 9 期。

正向和负向变化，贴合不确定性的定义，但缺点是仅限于时间序列数据分析，且对于收入平均增长率的步长选取和对预期的描述有一定的主观性。

此外，还有一些较为粗略的不确定性描述指标，如袁志刚、宋铮选取基尼系数度量个人风险①，赵西亮等使用不同工资收入组成构造了不确定性指标来检验城镇居民的预防性储蓄动机。②

（二）加入支出不确定性的预防性储蓄研究

西方预防性储蓄理论中对不确定性的研究主要集中在居民对未来收入的不确定性上，可以推测，这一方面是由于西方的消费理论是建立在比较成熟的市场经济体制之上的，另一方面是由于西方国家的社会保障制度相对完善，居民对未来支出的可预测性较强。③④ 这与我国正处在一个制度变迁的过程中不同，在制度改革时期，中国的教育、养老、医疗和住房等各方面都会对居民消费和储蓄行为产生影响，居民对未来收入和支出的预期在不断发生改变，已经有越来越多的学者注意到了收入和支出的不确定性对研究居民消费和储蓄行为的重要性。由前述文献可以看出，国内大多数学者将不确定性的影响主要放在了未来收入的不确定性上，相比之下，居民对消费支出预期的改变给其消费行为带来的影响受到的关注则较少。

随着预防性储蓄与不确定性研究的不断深入，国内学者逐渐

---

① 参见袁志刚、宋铮：《城镇居民消费行为变异与我国经济增长》，载《经济研究》1999 年第 11 期。

② 参见赵西亮、梁文泉、李实：《房价上涨能够解释中国城镇居民高储蓄率吗？——基于 CHIP 微观数据的实证分析》，载《经济学（季刊）》2014 年第 1 期。

③ 参见郭志仪、毛慧晓：《制度变迁、不确定性与城镇居民消费——基于预防性储蓄理论的分析》，载《经济经纬》2009 年第 5 期。

④ 参见李勇辉、温娇秀：《我国城镇居民预防性储蓄行为与支出的不确定性关系》，载《管理世界》2005 年第 5 期。

注意到要结合中国制度转轨的国情，将不确定性从最初预防性储蓄定义中的收入不确定性推广到收入和支出两方面的不确定性，关注支出不确定性对居民消费和储蓄行为产生的影响。2000 年以后，国内出现了不少针对支出不确定性的预防性储蓄研究。李勇辉、温娇秀基于迪南的模型，选用收入增长率和物价增长率的平方作为消费增长率的平方的工具变量度量不确定性，结果表明未来支出的不确定性越大，预期未来的消费增长越大，预防性储蓄量也越多。① 因此，降低居民预防性储蓄，进而降低储蓄率的关键在于改善居民对未来支出的预期。赵晓英等选取城镇居民消费数据进行时间序列数据分析，运用人均年消费增长率偏离平均增长率的平方和按照收入分组后的组间人均年消费增长率的方差两组指标来反映消费支出的不确定性。② 实证结果表明，消费波动的不确定性在很大程度上可造成城镇居民消费需求不足；消费不确定性的增大、风险回避意识的加强和预期物价指数的上升都会导致城镇居民的预防性储蓄大幅增加。邓翔、李锴和李艳鹍采用城镇家庭人均教育支出、医疗支出、居住支出和城镇居民家庭可支配收入作为社会福利不确定性的指标，研究结果表明，改革初期的失业风险对城镇居民消费行为的影响较大，而到了后期社会福利制度，尤其是医疗和住房方面的影响较大，这也证明制度改革对我国居民消费和储蓄以及收入预期等方面产生了较

---

① 参见李勇辉、温娇秀：《我国城镇居民预防性储蓄行为与支出的不确定性关系》，载《管理世界》2005 年第5 期。

② 参见赵晓英、曾令华、徐国梁：《经济转轨时期不确定性对我国城镇居民消费行为的影响》，载《消费经济》2007 年第 2 期。

大的影响。①②

以上这些研究成果证明，在制度转轨时期，中国居民面临着不可忽视的支出不确定性，导致居民降低消费水平，不断增加预防性储蓄。同时还有学者注意到了收入不确定性和支出不确定性对居民消费和储蓄行为的影响，其分别选取合适的代理变量，将这两者纳入同一框架中进行分析或比较。罗楚亮将家庭面临的风险分解成收入风险与支出风险两部分，收入的不确定性利用暂时性收入的平方项、收入的对数方差以及家庭预测失业率平均值这三个指标来反映，医疗支出的不确定性主要以随机医疗费用的平方项及高医疗支出概率来描述，教育费用的不确定性则主要体现在随机教育费用的平方项及大学生和高中生的在校人数这三个变量上。③ 通过实证分析，发现收入和支出的不确定性对居民消费水平有显著的负向影响。

在收入和支出不确定性的比较研究方面，不论选取的是相同口径的指标还是分别选取不同的代理变量，结论大多是归于支出不确定性对消费和储蓄的影响大于收入不确定性。张春生、吴超林选取城镇失业率作为居民收入不确定性的指标，选取收入与消费的比值作为反映居民支出不确定性的指标，用医疗、教育、住房支出总和在消费支出中的占比综合反映收入支出的不确定性。④ 结果表明，失业率对居民储蓄行为的影响不大，不确定性与城镇

---

① 参见邓翔、李锴：《中国城镇居民预防性储蓄成因分析》，载《南开经济研究》2009 年第 2 期。

② 参见李艳鹍：《我国居民预防性储蓄动机实证研究》，载《中国物价》2014 年第2 期。

③ 参见罗楚亮：《经济转轨、不确定性与城镇居民消费行为》，载《经济研究》2004 年第 4 期。

④ 参见张春生、吴超林：《收支不确定性对城镇居民储蓄存款行为的影响：理论解释与实证检验》，载《上海经济研究》2011 年第 3 期。

居民储蓄存款有显著的正向关系，且支出不确定性的影响大于收入不确定性。王克稳等采用调整离差率作为不确定性的测算指标，使用相同的度量方法同时对收入和消费支出的不确定性进行估计，意在使收支不确定性可以进行比较。① 实证结果表明，收入不确定性对居民消费可产生负向影响；消费不确定性对居民消费有正向影响，且消费不确定性大于收入不确定性。同时，使用消费方差和收入方差作为不确定性的代理变量进行回归，结果与调整离差的结论基本一致，印证了上述观点。

综合考虑以上收入和支出不确定性的指标选取和度量方法，本研究认为，根据不同的数据和模型可以采取不同的方法。其中，收入和消费增长率的平方能够简便有效地反映出居民家庭所面临的收入和支出的不确定性，因此在本研究接下来的实证部分中，将分别选取收入和消费增长率的平方作为居民收入和支出不确定性的度量指标。

（三）预防性储蓄行为的其他影响因素分析

除了不确定性对居民预防性储蓄影响的相关研究以外，许多学者拓展了其他影响居民预防性储蓄行为的因素分析。其中，流动性约束被广泛认为是我国经济转型时期影响居民消费行为的另一重要因素。②③④

目前，学界基本达成一致的结论是，居民的消费和储蓄行为

---

① 王克稳，李敬强，徐会奇. 不确定性对中国农村居民消费行为的影响研究——消费不确定性和收入不确定性的双重视角[J]. 经济科学，2013(5)：88-96.

② 参见万广华、张茵、牛建高：《流动性约束、不确定性与中国居民消费》，载《经济研究》2001 年第 11 期。

③ 参见臧旭恒、裴春霞：《转轨时期中国城乡居民消费行为比较研究》，载《数量经济技术经济研究》2007 年第 1 期。

④ 参见高梦滔、毕岚岚、师慧丽：《流动性约束、持久收入与农户消费——基于中国农村微观面板数据的经验研究》，载《统计研究》2008 年第 6 期。

受到流动性约束和不确定性两方面的共同作用，导致了居民的预防性储蓄动机增强。杜海韬、邓翔对只引入预期收入增长而不引入预期消费增长的方差（或其平方项）的对数线性欧拉方程和二阶泰勒近似的欧拉方程进行了估计[①]，分析结果与宋铮的不同，后者认为当期收入是决定我国居民消费的主要因素，城乡居民的预防性储蓄动机都比较强，并且城镇居民的预防性储蓄动机比农村居民更强。[②] 20 世纪 90 年代中期以来，收入增长率的不断下降抑制了居民消费需求的增长，而流动性约束和不确定性又同时增强了居民的预防性储蓄动机。万广华等认为，流动性约束的存在是解释消费者行为偏离确定性条件下欧拉方程的原因之一，流动性约束型消费者所占比重的上升以及不确定性的增大，造成了中国目前的低消费增长和内需不足。[③] 其利用哈尔的消费函数及其扩展模型[④]，在模型中引入消费增长率的条件方差衡量不确定性，借鉴坎贝尔和曼昆将消费者中受到流动性约束的比例描述流动性约束[⑤]，发现流动性约束和不确定性在经济改革之后对居民消费行为具有显著影响，且二者间的相互作用进一步强化了其对居民消费的影响，导致居民消费水平和消费增长率同时下降。

随着研究的进一步深入，对于预防性储蓄及其影响因素的探

---

① 参见杜海韬、邓翔：《流动性约束和不确定性状态下的预防性储蓄研究——中国城乡居民的消费特征分析》，载《经济学（季刊）》2005 年第 1 期。

② 参见宋铮：《中国居民储蓄行为研究》，载《金融研究》1999 年第 3 期。

③ 参见万广华、张茵、牛建高：《流动性约束、不确定性与中国居民消费》，载《经济研究》2001 年第 11 期。

④ R. E. Hall. Stochastic Implications of the Life Cycle-Permanent Income Hypothesis: Theory and Evidence[J]. Journal of Political Economy, 1978, 86(6): 671-697.

⑤ J. Y. Campbell, N. G. Mankiw. The Response of Consumption to Income: A Cross-country Investigation[J]. *European Economic Review*, 1991, 35(4): 723-756.

讨也逐渐丰富起来，有些文献也在预防性储蓄行为分析中引入了消费习惯。郭香俊、杭斌把习惯形成引入缓冲存货理论，其分析表明，习惯形成参数越大，边际消费倾向就越低，习惯形成下的消费行为类似于谨慎导致的消费行为。① 艾春荣、汪伟使用省际面板数据对带有内部习惯偏好(个体自己过去的选择)的消费过度敏感性进行了城乡居民对比分析，结果发现城乡居民的消费都对预期收入表现出了过度敏感性，而城镇居民的非耐用品消费行为几乎不受习惯偏好的影响，同时城乡居民都存在较强的预防性储蓄动机。② 雷钦礼认为，决定家庭各期消费水平的不仅有家庭的财富量和劳动收入，而且还有家庭过去的消费习惯和预期的劳动收入风险。其使用农村居民住户调查数据的实证结果表明，消费习惯和预防性储蓄动机对农村居民的消费和储蓄行为具有显著的影响。③

第二节　家庭财富与居民消费

一、家庭资产、人力资本和家庭财富

城镇居民的消费行为受到家庭可支配收入的影响，同时家庭

---

① 参见郭香俊、杭斌：《预防性储蓄重要性的测算方法及其比较》，载《统计研究》2009 年第 11 期。

② 参见艾春荣、汪伟：《习惯偏好下的中国居民消费的过度敏感性——基于 1995～2005 年省际动态面板数据的分析》，载《数量经济技术经济研究》2008 年第 11 期。

③ 参见雷钦礼：《财富积累、习惯、偏好改变、不确定性与家庭消费决策》，载《经济学(季刊)》2009 年第 3 期。

财富作为家庭收入的重要补充，也对居民的消费行为有一定的作用。[①] 在现有的大多数研究中，家庭财富主要指家庭持有的可直接计量价值的资产。家庭资产主要包括固定资产和金融资产两大类。[②] 固定资产中以住房资产为主，还包括生产性固定资产和其他实物资产，如古玩、字画和珠宝等；金融资产主要指现金及金融机构存款、政府债券、股票和基金等流动性较强的资产。

随着研究的逐渐深入，附着于人身，能够创造价值的人力资本在消费决策中的作用也逐渐受到重视。与传统资本（非人力资本）相比，人力资本在经济社会中的作用日渐突出，在国民财富增长上具有重要作用。人力资本是成熟资本的重要组成部分，对人力资本的投资（如学生上学读书和工人接受职业培训）是真实收入水平大幅提高的主要原因。因此，本研究认为，应将附着于家庭成员身上的人力资本作为家庭财富的特殊组成部分，研究人力资本对家庭消费行为的影响，这在进一步了解分析居民家庭消费和储蓄决策行为方面具有一定的应用价值。人力资本是劳动者通过接受教育、医疗保健、培训或迁徙等获得的，凝聚在人身上的资本，应该被视为劳动者的基本财富，和其他物质资本一样可以为持有者带来劳动报酬等收益。在消费领域的相关研究中，人力资本主要包括持有者的教育人力资本和健康人力资本。

二、家庭资产与居民消费

在对居民消费和储蓄行为的影响分析中，从绝对收入假说开始，消费理论学界发展了相对收入假说、生命周期假说和持久收

---

① 参见雷钦礼：《财富积累、习惯、偏好改变、不确定性与家庭消费决策》，载《经济学（季刊）》2009 年第 3 期。

② 参见李涛、陈斌开：《家庭固定资产、财富效应与居民消费：来自中国城镇家庭的经验证据》，载《经济研究》2014 年第 3 期。

入假说等主流消费理论以及后来的随机游走假说。已有大量研究关注了收入对消费水平的影响。但是除了劳动收入之外，消费行为还受消费者拥有和积累的财富的影响。财富的拥有和不断积累不仅能够防范劳动收入下降时带来的不确定性和效用降低，而且其本身也是身份和地位的象征，人们总是倾向于拥有和积累更多的财富。[①] 家庭财富是影响居民消费行为的另一个重要因素，相比于收入，家庭财富对居民消费和储蓄行为的影响方式有所差别。根据安东和莫迪利亚尼提出的生命周期理论经典分析框架[②]，增加的劳动收入大部分用于消费，而增加的资产性收入则大部分用于储蓄，这表明居民对不同来源的收入有不同的消费敏感性，并不像传统经济学假设中那样，所有收入对消费行为的影响都是一样的。居民的劳动收入构成了可支配收入的重要组成部分，而资产性收入则多是通过所持有的财富积累获得。

家庭资产对居民消费行为的影响已经有较多文献进行了分析。其中，对包括金融资产和实物资产在内的家庭资产的财富效应关注较多。资产的财富效应指的是家庭持有的资产价值发生的变化对居民消费水平的影响，尤其是居民拥有的资产价值上涨，家庭的财富水平增加，消费预算上升，居民的消费意愿增加，从而促进消费增长。大多数文献都认为家庭资产的价值与居民

① 参见雷钦礼：《财富积累、习惯、偏好改变、不确定性与家庭消费决策》，载《经济学(季刊)》2009 年第 3 期。

② A. Ando, F. Modigliani. The "Life Cycle" Hypothesis of Saving: Aggregate Implications and Tests[J]. *The American Economic Review*, 1963, 53(1): 55-84.

消费水平具有较强的正相关关系①②，但对于不同类型家庭资产的财富效应大小仍然存在争议。

目前，已有较丰富的文献在研究资产的财富效应时对家庭资产进行了细分，并将关注重点集中在住房资产和金融资产这两种重要资产的财富效应上。对于财富效应的影响程度，一般采取资产的边际消费倾向或者资产的消费弹性等指标进行度量。③

住房资产和金融资产财富效应的大小存在两种对立观点。特雷西等④和骆祚炎⑤分别使用美国和中国的数据检验，认为金融资产的财富效应大于住房资产的财富效应。特雷西等认为，住房资产价格上涨带来的财富水平增加可能大于股票上涨带来的财富水平增加，但是房地产价格上涨对促进居民消费的作用小于股票价格上涨对居民消费的刺激作用。骆祚炎基于宏观数据检验了住房资产和金融资产占居民可支配收入的比例对边际消费倾向的影响，发现拥有自住房产的居民的财富效应被无房者和租房者为买房而减少消费的行为抵消了一部分，住房资产的财富效应总体微弱。此外，居民对流动性较强的金融资产的依赖性更强，这也加强了金融资产的财富效应。

① 参见周晓蓉、代艳花、曾尹嬿等：《资产财富效应实证研究新进展》，载《经济学动态》2014 年第 10 期。

② 参见李涛、陈斌开：《家庭固定资产、财富效应与居民消费：来自中国城镇家庭的经验证据》，载《经济研究》2014 年第 3 期。

③ M. Paiella. The Stock Market, Housing and Consumer Spending: A Survey of the Evidence on Wealth Effects[J]. *Journal of economic surveys*, 2009, 23(5): 947-973.

④ J. S. Tracy, H. S. Schneider, S. Chan. Are Stocks Overtaking Real Estate in Household Portfolios? [J]. *Current Issues in Economics and Finance*, 1999, 5(5):1-5.

⑤ 参见骆祚炎：《居民金融资产结构性财富效应分析：一种模型的改进》，载《数量经济技术经济研究》2008 年第 12 期。

另一种观点则认为，住房资产的财富效应大于金融资产的财富效应，如卡罗尔等就认为美国房地产的财富效应有效地促进了居民消费和投资的增长，房地产的财富效应总体大于股票的财富效应，并且房地产的长期财富效应明显大于其短期财富效应。① 李玉山、李晓嘉使用宏观数据检验后认为，短期内房地产有较小的负向财富效应，长期内房地产的财富效应为正；同时，由于证券资产不能使居民形成稳定的收入预期，因此股票的财富效应并不显著。② 同样认为住房资产的财富效应大于金融资产（尤其是证券资产）的还有魏锋和张大永、曹红等。③④

关于住房的财富效应可以观察到，房地产价格在房改后有明显的上涨，但是在中国并没有带来普遍的居民消费水平上升，这与西方国家房地产价格上涨明显促进了消费水平的财富效应不同。黄静、屠梅曾运用微观数据分析认为，我国大部分居民将自有住房视为长期消费品，是为了满足生存或更好生活的基本需求。⑤ 因此，无论房地产价格上涨多大幅度，居民都不会为了财富效应而更替到面积更小、条件更差的住房中去。房价上涨给居民带来的只是心理上的虚拟财富，对居民的实际消费水平影响不大。这一点与波特巴的观点一致，后者认为居民用于自住的房产

---

① C. D. Carroll, M. Otsuka, J. Slacalek. How Large Are Housing and Financial Wealth Effects? A New Approach[J]. *Journal of Money, Credit and Banking*, 2011, 43(1): 55-79.

② 参见李玉山、李晓嘉：《对我国居民消费的财富效应计量分析》，载《山西财经大学学报》2006 年第 2 期。

③ 参见魏锋：《中国股票市场和房地产市场的财富效应》，载《重庆大学学报（自然科学版）》2007 年第 2 期。

④ 参见张大永、曹红：《家庭财富与消费：基于微观调查数据的分析》，载《经济研究》2012 年第 S1 期。

⑤ 参见黄静、屠梅曾：《房地产财富与消费：来自于家庭微观调查数据的证据》，载《管理世界》2009 年第 7 期。

不会兑现，从而导致房价上涨的边际消费倾向很低。[①] 此外，中国乃至许多亚洲国家的居民都有很强的遗赠动机，在社会老龄化加快、房价不断上涨的时期，老年人不愿意更换到更差的住房中来换取更多的消费，而是倾向于将自己的住房或增加的财富进行遗赠，因为他们的后代很可能面对更高的房价。

家庭持有的资产是家庭收入的重要补充，同时应注意，不同性质、不同类别的家庭资产对家庭消费行为的影响具有一定的差异性。亨特利和米凯兰杰利（Huntley，Michelangeli，2014）运用带有收入风险、流动性约束和应税资产选择的生命周期模型，以美国 2001 年的临时性退税为例，研究了可预期的收入的暂时性冲击对不同类型家庭消费行为的影响[②]，结果表明，在收入出现临时性增加时，受到流动性约束的家庭会增加其边际消费倾向。该研究强调，受到流动性约束的家庭不仅指拥有资产水平很低的、较为贫穷的家庭，而且还包括持有资产变现成本高、流动性较差的家庭；有些较为富裕的家庭由于持有的资产多为较难变现的固定资产，因此在消费行为的表现上与受到流动性约束的家庭具有相似性。同样以退税政策为背景进行研究的还有卡普兰和维奥兰特（Kaplan，Violante，2014），他们整合了鲍莫尔-托宾（Baumol-Tobin）模型和标准的不完全市场生命周期框架，将家庭持有的资产分为两类，一类是低回报率的流动性资产（如现金和支票账户），另一类是高回报率但变现需要较高成本的流动性较差资

① J. M. Poterba. Stock Market Wealth and Consumption[J]. *The Journal of Economic Perspectives*, 2000, 14(2): 99-118.

② J. Huntley, V. Michelangeli. Can Tax Rebates Stimulate Consumption Spending in a Life-Cycle Model? [J]. *American Economic Journal: Macroeconomics*, 2014, 6(1): 162-189.

产(如住房和退休金账户)。[1] 分析认为,即使是持有大量流动性较差资产的富裕家庭,对于额外增加的收入也表现出了较高的边际消费倾向。

另外,在性别比失衡的社会背景下,房价上涨可能对有未婚子女的家庭的消费行为产生特殊的影响。在提倡"一对夫妇生育一个孩子"的计划生育政策背景下,家庭开始倾向于根据自己的偏好对胎儿性别进行选择,对男孩的较强偏好导致社会的性别比,尤其是年轻一代(明显受到计划生育政策影响的一代)的性别比不再符合自然规律,而是出现了男孩出生率明显高于女孩的现象。

2011 年,有学者首次提出,性别比失衡会导致家庭的竞争性储蓄动机加剧,也就是说,在性别比失衡严重的地区,由于适婚年龄男子比适婚年龄女子人数多,为了提高在婚姻方面的竞争力,有男孩的家庭将会减少消费,提高家庭的储蓄水平,以表现出较高的家庭财富水平,从而增加在婚姻方面的竞争力。[2] 住房资产作为重要的家庭资产,能够在一定程度上表现出家庭的经济实力,拥有更多的住房资产被认为在婚姻方面具有更强的吸引力,因此这种竞争性的储蓄动机还会推动当地房价上涨。另外,房价上涨也将导致有女孩的家庭在买房时不得不面对高房价,进而提高家庭储蓄水平。对于有女孩的家庭来说,为了让女儿在婚后家庭内部更加具有话语权(bargaining power),或者增加嫁给富有男孩的机会,也会倾向于提高家庭储蓄率。谢洁玉等使用城镇住

---

① G. Kaplan, G. L. Violante. A Model of the Consumption Response to Fiscal Stimulus Payments[J]. *Econometrica*, 2014, 82(4): 1199-1239.

② S. J. Wei, X. Zhang. The Competitive Saving Motive: Evidence from Rising Sex Ratios and Savings Rates in China[J]. *Journal of Political Economy*, 2011, 119(3): 511-564.

户调查数据进行了实证检验，认为房价显著抑制了家庭消费水平。随着房价上涨，有成年未婚男性的家庭会更加明显地抑制消费，并且随着未婚男性年龄的增加，这种抑制作用也会逐渐增强。对于有成年未婚女性的家庭，房价对消费的抑制作用并不明显。①

不同类型的家庭资产对居民消费可能有不同的影响，除了前文提到的住房资产和金融资产两个占比最大的资产组成外，家庭自有的生产性固定资产也具有一定的财富效应，其促进消费的主要作用机制在于生产性固定资产能够降低家庭的预防性储蓄动机，并缓解家庭所受的流动性约束。② 本研究中，将住房资产、金融资产与生产性固定资产等几类主要的资产放在统一的分析框架中，分别讨论其对居民消费水平的影响。

已有的相关研究大多重视对家庭总资产水平的研究，但对家庭负债状况的分析较为缺乏，因为在传统理论中，家庭负债对资产价格和经济形势的影响较小，但是2008年发生的次贷危机引发了全球经济危机，国内外文献开始逐渐重视家庭负债水平对家庭消费和宏观经济的影响（Brown，Taylor，2008；He，Xiong，2010）。家庭负债水平和资产水平同样能够影响居民的消费行为，但是影响程度可能不同。净资产是从家庭资产水平中扣除家庭负债的资产持有量，与总资产密切关联，但受到的影响随着净资产水平的不同而不同，净资产同时受到家庭资产和负债水平的影响，能够反映家庭实际拥有的资产水平，因此有必要分别分析家庭总资产与净资产对居民消费行为的影响。

---

① 参见谢洁玉、吴斌珍、李宏彬等：《中国城市房价与居民消费》，载《金融研究》2012年第6期。

② 参见李涛、陈斌开：《家庭固定资产、财富效应与居民消费：来自中国城镇家庭的经验证据》，载《经济研究》2014年第3期。

三、人力资本与居民消费

根据生命周期假说，家庭将财富平滑地分配到各个生命周期中，以达到跨期效用最大化。这里所指的“家庭财富”不仅包括金融资产和实物资产，而且还包括代表家庭成员能力的人力资本因素。不同的受教育水平能够带来不同的预期和实际回报已经得到了大量研究的证实①，因此人力资本的获取对消费行为具有一定的影响作用。综合来看，人力资本对消费的影响主要通过三种方式进行：第一，人力资本水平提高，居民对工作稳定性和收入水平的预期也会相应提高，进而促进消费水平的提高；第二，人力资本的积累能够带来更高程度的信用评级，有利于消费信贷的获取；第三，人力资本，尤其是教育人力资本的积累能够改变人的认知模式和消费观念，从而改变消费行为。②③

人力资本无法直接用货币度量，因此在进行定量研究时需要可度量的代理变量。多数文献在考察人力资本与消费的关系时使用受教育程度（或学历指数）和受教育年限等作为人力资本的代理变量。肖作平等分析了由于受教育而获得的人力资本对家庭房产投资消费的影响，认为人力资本较高的家庭可能更频繁地迁徙，并且相比于投资风险较低的房产，他们更愿意投资高风险、

---

① G. Altonji, E. Blom, C. Meghir. Heterogeneity in Human Capital Investments: High School Curriculum, College Major, and Careers[R]. *National Bureau of Economic Research*, 2012.

② 参见周弘：《家庭金融视角下人力资本与家庭消费省略系的实证研究——来自 CFPS 的调查》，载《经济经纬》2011 年第 6 期。

③ 参见虞斌：《城乡居民人力资本财富效应比较的统计考量》，载《统计与决策》2012 年第 1 期。

高回报的项目。[1] 这两方面原因导致了人力资本较高的家庭与房产投资消费水平呈现负相关关系。周弘在控制了收入、家庭金融资产等影响家庭消费水平的变量后，考察了人力资本水平对家庭消费的影响，发现高学历家庭的边际消费倾向显著高于低学历家庭，并且高学历家庭金融资产的财富效应比低学历家庭更强。[2] 西尔韦曾使用受教育的平均年限作为人力资本的代理变量。[3] 巴贝尔指出，增加受教育程度可以提高智力。[4] 扎戈尔斯基据此使用智商测试得分分析了智力水平与收入、财富水平的关系，结果表明智力水平与收入呈显著正相关，但是与个人的净财富水平几乎不相关，主要原因是高智商人群的认知模式与其他人群不同，更加偏爱高风险的投资项目。[5]

然而，人力资本的主要组成不仅包括教育人力资本，而且还包括健康人力资本，并且健康人力资本被看作是整个人力资本投资过程的基础和前提。因此，考察人力资本对居民消费行为的影响时，除了教育人力资本的影响外，还应注意家庭成员的健康状况对消费产生的影响。杨丽、陈超从医疗公共品供给的角度，选取每千名农业人口拥有的村卫生室人数和每万名农村人口拥有的乡镇卫生院人数作为衡量医疗公共品供给对农村居民健康人

---

① 参见肖作平、廖理、张欣哲：《生命周期、人力资本与家庭房产投资消费的关系——来自全国调查数据的经验证据》，载《中国工业经济》2011 年第 11 期。

② 参见周弘：《家庭金融视角下人力资本与家庭消费省略系的实证研究——来自 CFPS 的调查》，载《经济经纬》2011 年第 6 期。

③ S. D. Silver. Human Capital in Personal Consumption and Labour Force Productivity: Evidence from an OECD Panel[J]. *Applied Economics Letters*, 2015, 22(7): 529-538.

④ N. Barber. Educational and Ecological Correlates of IQ: A Cross-national Investigation[J]. *Intelligence*, 2005, 33(3): 273-284.

⑤ J. L. Zagorsky. Do You Have to Be Smart to Be Rich? The Impact of IQ on Wealth, Income and Financial Distress[J]. *Intelligence*, 2007, 35(5): 489-501.

力资本提高程度的测度，采用省际面板数据分析了知识资本和健康人力资本对提升东、中、西部地区的农村居民消费水平的影响，结果表明，提高人力资本能够有效提高不同地区农村居民的生活边际消费倾向。①

关于对健康人力资本的研究，多集中在健康状况对经济增长的影响及与环境质量间的相互作用上。② 对健康人力资本的衡量并没有形成与教育人力资本那样较为统一的方法，目前较为常用的主要是平均预期寿命、疾病致死率、食物营养摄取量以及医疗公共品供给等指标。有学者对中国南北方冬季供暖与否的自然实验分析，选取居民平均期望寿命和心肺疾病致死率作为健康的衡量指标，认为北方淮河地区供暖导致的空气污染造成当地居民心肺疾病致死率增加以及平均寿命降低。③ 王弟海根据获得渠道的不同，区分了格罗斯曼型健康人力资本和福格尔型健康人力资本，前者的获取是通过健康投资，后者则是通过食物消费和营养获取。④ 其在研究中主要分析了健康人力资本对宏观经济增长的作用，认为福格尔型健康人力资本本身不能产生内生经济增长机制，但是在存在外生技术进步的情况下，这种健康人力资本能够促进经济增长率的提高。

---

① 参见杨丽、陈超：《教育医疗公共品供给对我国农村居民消费的影响分析——基于人力资本提升的视角》，载《农业技术经济》2013 年第 9 期。

② 参见祁毓、卢洪友、张宁川：《环境质量、健康人力资本与经济增长》，载《财贸经济》2015 年第 6 期。

③ C. L. Chen, C. M. Kuan, C. C. Lin. Saving and Housing of Taiwanese Households: New Evidence from Quantile Regression Analyses [J]. *Journal of Housing Economics*, 2007, 16(2): 102-126.

④ 参见王弟海：《健康人力资本、经济增长和贫困陷阱》，载《经济研究》2012 年第6 期。

第三节　基于不同收入阶层视角的消费行为分析

收入水平是影响消费行为的重要因素，处于不同收入阶层的群体的消费行为受到收入水平的影响不同，因此不同的收入阶层具有不同的消费行为模式，这一点在经济学界已经基本达成共识。收入水平的差异导致了消费行为模式的不同，不同收入阶层的居民消费行为和消费结构具有差异性。

改革开放以来，中国经济快速发展，居民收入差距也在不断拉大，制度变迁也给不同收入阶层的居民生活的各个方面带来不同程度的影响，如新农合医疗改革首先提高了中等收入群体的定点诊所就诊概率，随后这种影响才向高、低收入阶层扩散。因此，从不同收入阶层的角度研究居民的消费和储蓄行为的差异，有助于加深对居民消费状况的了解。易行健、张波利用状态空间模型分析了七个收入阶层的城镇居民边际消费倾向的变动趋势，结果表明，最低收入阶层的边际消费倾向自 1990 年后经历了上升期，后又逐渐下降；而其他各个收入阶层的边际消费倾向整体呈现下降趋势，但是各收入阶层之间的差距逐渐拉大，体现出不同收入阶层之间的消费行为具有明显的差异。[①] 董鸽、赵昕东同样运用状态空间模型比较了不同收入阶层消费弹性系数的变化趋势，结果发现高收入阶层的消费弹性最高，处于最低和较低收入水平的阶层消费弹性反而较低。[②]

---

① 参见易行健、张波：《中国城镇居民消费倾向波动的实证检验——基于不同收入阶层视角》，载《上海财经大学学报（哲学社会科学版）》2011 年第 1 期。

② 参见董鸽、赵昕东：《不同收入等级城镇居民消费支出弹性的时变特征分析》，载《统计与决策》2014 年第 12 期。

过度敏感性能够较为直观地反映消费随收入的变动而变化的情况，但是对于不同收入阶层居民消费的过度敏感性变化趋势的研究结论存在一定争议。田青、高铁梅运用1992～2008年的城镇居民家庭收入水平（分七个收入组）数据进行了检验，发现我国城镇居民消费整体上存在过度敏感性，其中低收入组的消费敏感性更强。① 王芳研究发现，消费的过度敏感性随着收入组收入水平的增加而呈现两端较平缓、中间凹陷较深的“倒草帽”型结构。② 而李春风等对1995～2009年分七个收入组数据的检验发现，加入了不确定性和流动性约束后，不同收入阶层城镇居民的消费敏感性并不强，各个收入组城镇居民的消费敏感性呈类似“W”形曲线分布。③

上述研究大多是利用了总量时间序列数据或者面板数据对消费的总量数据进行分析，而对不同收入阶层的居民消费和储蓄行为的异质性分析比较欠缺。袁冬梅等改进了迪南模型，加入了城镇居民预防性储蓄动机的异质性来测算其预防性储蓄动机的强度，对城镇居民的预防性储蓄行为进行了分析。④ 对于不确定性的指标，直接选取消费增长率的平方，同时在模型中引入了消费支出不确定性与社会保障等控制变量的交互项来描述居民预防性储蓄动机的异质性特征。这些控制变量包括房价（住房改革）、少儿抚养系数（教育改革、计划生育政策）、老年抚养比（医疗

① 参见田青、高铁梅：《转轨时期我国城镇不同收入群体消费行为影响因素分析——兼谈居民消费过度敏感性和不确定性》，载《南开经济研究》2009年第5期。

② 参见王芳：《城镇居民消费过度敏感性的统计分析》，载《数量经济技术经济研究》2007年第3期。

③ 参见李春风、陈乐一、李玉双：《我国收入等级不同城镇居民的消费敏感性》，载《湖南大学学报（社会科学版）》2012年第6期。

④ 参见袁冬梅、李春风、刘建江：《城镇居民预防性储蓄动机的异质性及强度研究》，载《管理科学学报》2014年第7期。

改革、老龄化进程)、性别比等影响消费者行为的因素，这主要是考虑到改革开放以来我国多项改革措施直接影响了居民家庭的收入与财富状况，改变了居民的消费行为，而不同群体、不同家庭对这些变化的反应及敏感程度不同。结果表明，引入预防性储蓄的异质性特征后，控制变量与消费支出不确定性的交互项显著影响了居民消费支出的水平，并且增加了预防性储蓄的强度。不加入这些控制变量会对预防性储蓄的强度造成低估，但研究中并未考虑收入水平差距造成的居民消费行为异质性。

以上研究虽然从流动性约束的角度引入了异质性，却忽略了我国收入差距和不同收入群体本身存在的异质性。收入是影响消费的重要因素，由于居民消费行为研究的特殊性，不同收入阶层的居民家庭对于转轨时期各项改革对其消费行为的影响作出的反应和敏感程度不同，因此有理由认为，不同收入阶层的居民家庭的消费和储蓄行为具有一定的差异性，影响居民消费和储蓄的因素及其影响程度也不同。使用不同收入阶层居民家庭的面板数据建立消费和储蓄模型，比使用总体数据研究能更细致全面地找出影响居民消费和储蓄行为的关键因素，有助于分析不同收入阶层居民消费行为的异质性。本书第 4 章利用我国城镇居民按照可支配收入进行分组的数据，在预防性储蓄理论框架下同时引入不确定性、流动性约束和消费习惯等多个影响因素，运用随机系数模型，分别检验了我国不同收入阶层的城镇居民预防性储蓄强度的大小，并检验了不同的影响因素对各收入阶层城镇居民储蓄行为的影响程度，以期能够对不同收入阶层的城镇居民预防性储蓄行为及其主要影响因素开展进一步分析。

第四节　本章小结

本章通过文献回顾和归纳，梳理了预防性储蓄和包括家庭资产及人力资本在内的家庭财富对居民消费和储蓄行为的影响，以及对不同收入阶层的居民消费行为的研究。

在对居民预防性储蓄行为的研究方面，不确定性是最重要的影响因素这一点已经得到了广泛认同，研究的关键点在于对不确定性的度量。随着预防性储蓄理论在中国的应用和发展，流动性约束和消费习惯等因素也逐渐被引入了预防性储蓄理论的分析框架中。但是，对预防性储蓄行为的大部分研究是以全体居民或分城乡的居民家庭为对象的，没有充分考虑居民收入差距逐渐扩大的现实情况。基于此，本研究综合考虑了不确定性、流动性约束和消费习惯等因素，以我国不同收入阶层的城镇居民为研究对象，着重分析了收入阶层的不同带来的家庭消费和储蓄行为的差异。

在居民家庭财富对消费水平的影响方面，对住房资产和金融资产与消费行为关系的研究较为丰富，但结论尚未达成一致；对于其他类型的实物资产和附着于人身的人力资本对消费的影响，研究结果还较为欠缺。本研究尝试着将不同类型的家庭财富整合到同一分析框架中，针对以上问题进行了全面分析，以期能够为国内对居民消费和储蓄行为的研究做出些许贡献。

第三章　预防性储蓄对城镇居民消费行为的影响分析

20 世纪 90 年代以来，我国城乡居民的储蓄存款余额连年大幅增长。总体来看，居民储蓄额的增长速度明显快于经济增长速度。城镇居民对于增加储蓄的热情持续高涨，而对消费支出相对保守。消费是有效需求的核心，一直以来都被认为是经济增长最重要的驱动力，而储蓄则是资本形成和财富积累的基础。微观主体对消费和储蓄的选择，是宏观消费和资本积累的基础。因此，可以认为消费和储蓄是经济繁荣、资本积累和财富形成的核心变量。①

此外，当前世界经济处于后危机时代，出口需求持续疲软，投资拉动的经济增长则导致部分领域存在经济过热、环境污染、发展动力不足等多种问题。因此，急需缓解居民消费需求持续低迷、银行等金融机构储蓄持续大幅上升的现状。我国政府自 1996 年起推出了连续 8 次下调利率，“三条保障线”制度落实，提高个人所得税起征标准以及降低购房购车税率等一系列措施，希望能

① 参见朱信凯、骆晨《消费函数的理论逻辑与中国化：一个文献综述》，载《经济研究》2011 年第 1 期。

释放居民储蓄，刺激居民消费，但效果一直不够理想。因此，了解中国居民持续高额储蓄的原因以释放潜在的消费能力，促进建成以消费为主要推动力的经济社会，具有非常重要的现实意义。

第一节　预防性储蓄理论在中国的适用性讨论

对于我国目前持续的相对低消费、高储蓄的经济现状，已有学者从生命周期理论和人口结构等不同角度进行了相关研究。关于居民储蓄率的理论分析和实证检验，有代表性的如莫迪利亚尼和曹的研究（Modigliani，Cao，2004），他们从生命周期和持久收入理论出发，认为改革开放引入市场经济体制以后，中国居民收入水平的快速增长推动了城镇居民储蓄水平的持续增加。[①]然而，生命周期—持久收入理论对于理性消费者的假定在当下的中国适用性较弱。经典的生命周期—持久收入理论建立在确定性等价的基础上，认为消费者的一生都在追求效用最大化，从而揭示了消费者在生命周期中将一生的收入平滑地分配在各期消费的动机。在中国经济快速增长的时期，居民收入水平整体有了较大的提高，且对未来的收入水平也有较高的预期，但是居民消费水平并没有按照生命周期和持久收入理论出现大幅提高，反而是储蓄水平连年上升。沙莫尼和巴萨德（Chamon，Prasad，2010）发现，家庭储蓄率随着户主年龄的增加呈现“U”形曲线分布，这是中国居民家庭的消费和储蓄行为不符合生命周期—持久收入

---

① F. Modigliani, S. L. Cao. The Chinese Saving Puzzle and the Life-Cycle Hypothesis[J]. *Journal of Economic Literature*, 2004, 42(1): 145-170.

理论的一大例证。①

除了用生命周期—持久收入理论进行检验之外，阿兹伊兹和崔(Aziz，Cui，2007)认为，1990 年以来中国居民储蓄率的上升反映出了逐渐增强的预防性储蓄动机，其主要原因是居民家庭收入在国民总收入中的占比降低和金融市场不够完善。② 柴国俊认为，家庭在进行消费决策时更注重参考同等收入水平家庭的消费行为，消费的示范效应增强，希望能够通过消费来提升社会地位，而更强的寻求社会地位的动机会促使居民家庭提高储蓄水平以积累更多的财富，同时家庭也对拆迁住房产生的不确定性更加敏感。③ 也就是说，对更高社会地位的追求和阶层之间的互相影响以及预防性储蓄动机能够促进居民储蓄水平的提高。

目前中国正处于经济转轨时期，各项体制改革尚未完成，相比于产生了预防性储蓄理论的西方国家，中国居民的生活各方面(包括消费和储蓄行为)都具有更多的不确定性，这些都影响了理性消费者假设对中国居民消费行为的解释力度。20 世纪末以来，越来越多的学者注意到了不确定性、流动性约束以及消费习惯等因素对城镇居民消费和储蓄行为决策的影响。基于预防性储蓄理论，研究中国城镇居民的消费和储蓄行为逐渐成为该研究领域的主流。预防性储蓄理论打破了确定性等价，将收入不确定性引入到跨期最优选择的框架中来，认为居民收入中除了用于平

① M. D. Chamon, E. S. Prasad. Why Are Saving Rates of Urban Households In China Rising? [J]. *American Economic Journal: Macroeconomics*, 2010(2): 93-130.

② J. Aziz, L. Cui. Explaining China's Low Consumption: The Neglected Role of Household Income[R]. IMF Working Papers, 2007: 1-36.

③ 参见柴国俊:《房屋拆迁能够提高家庭消费水平吗? ——基于中国家庭金融调查数据的实证分析》，载《经济评论》2014 年第 2 期。

滑各期消费的部分之外，还要为应对未来的不确定性作为预防性储蓄。在现实生活制度变革和经济波动的双重影响下，人们的生活在收入和支出方面充满了不确定性，预防性储蓄理论提供了量化分析不确定性经济行为的研究方法。

根据预防性储蓄理论，不确定性的存在使得居民在各期的消费并不是平滑的，由于未来面临不确定性，消费者预期的未来消费的边际效用大于当期消费的边际效用，使得当期消费水平降低，储蓄水平提高。中国居民储蓄水平快速提高的相应时期正是中国经济体制转轨时期，教育、养老、医疗、住房、就业和收入分配等各方面的制度改革都对居民家庭的收入和支出产生了重要的影响，也促使居民不断调整对未来消费边际效用的预期。

综合以上分析，预防性储蓄理论在跨期最优选择的框架内放宽了对原有消费函数的假设，引入了不确定性。考虑到流动性约束对消费的抑制作用，相比于生命周期—持久收入理论和随机游走假说等理论，预防性储蓄理论更加适用于对当前中国国情下的居民消费和储蓄行为的研究。

第二节　收支不确定性对城镇居民消费行为的影响分析

40 多年的改革开放使中国的经济制度由片面发展重工业、抑制消费的计划经济逐步向以市场因素为主导的市场经济转轨和过渡。随着各项改革的开展和逐步深化，居民在收入大幅提高的同时，也面临着就业、教育、医疗、养老等与自身生活息息相关的各领域变革带来的不确定性。在经济制度改革的特殊时期，居民通常会选择通过提高储蓄水平和增加财富积累的方式来应对未来的不确定性。

在研究过程中，笔者选取城镇居民为研究对象。之所以这样做，首先是考虑到中国城乡二元经济结构下的城乡居民收入差距一直很大，虽然在20世纪80年代收入差距一度缩小，但自20世纪90年代以来，仍然出现了持续扩大的趋势。以2012年为例，我国城镇居民人均可支配收入为24564.7元，同期农村居民人均可支配收入7916.6元①，城镇居民人均可支配收入水平是农村居民的3倍多。加之农村基础设施建设和社会保障制度等不够完善，农村居民相对于城镇居民的消费能力受到了很大制约。另外，农村居民的日常消费存在明显的自给自足特征，比如粮食等消费品可能用于自家消费，而且农村居民家庭之间的物物交换也使得部分消费不能体现在消费支出的统计数据上，最终导致农村居民的消费统计数据不能完全真实地反映出农村居民家庭真实的消费情况。相比之下，城镇居民的消费水平则较为真实可靠，因此本研究主要对城镇居民家庭的消费行为进行了分析。

在下面的内容中，本研究将具体分析在中国经济体制转轨时期，城镇居民收入和支出两方面的不确定性及其对消费行为的影响。

一、对城镇居民收入不确定性的时序分析

当考虑未来收入的不确定性时，消费者的效用函数三阶导数大于0，也就是说，边际效用函数是凸的，而不再是确定性等价情况下的线性函数时，消费者的消费行为会表现出谨慎动机，也就是降低当前的消费水平，增加储蓄。预防性储蓄的最初定义就是“厌恶风险的消费者为了应对未来收入的不确定性而增加的一部分储蓄”。由该定义可以看出，预防性储蓄出现的根本原因是收

① 参见盛来运：《中国统计年鉴2013》，中国统计出版社2013年版，第376页。

入不确定性。费舍尔和弗里德曼首先提出了预防性储蓄的动机与个人职业的收入风险情况有关[①][②]，之后斯金纳的研究进一步指出，各职业中收入风险较高者的储蓄率相对更低。[③] 随着中国劳动力市场的改革，原有的终身就业制度逐渐为聘任制度所取代，当前就业不代表能一直保住这份工作，这无疑大大提高了居民对就业风险的预期，因为一旦失业，收入水平就会大幅度下降，从而严重影响个人乃至家庭的生活质量。

借鉴卡罗尔使用失业率的期望值作为衡量收入不确定性的指标的方法[④]，考虑数据的可得性，本研究选取国家统计局的城镇登记失业率作为城镇居民失业风险的直接度量指标，1990～2014 年的城镇登记失业率如图 3-1 所示。

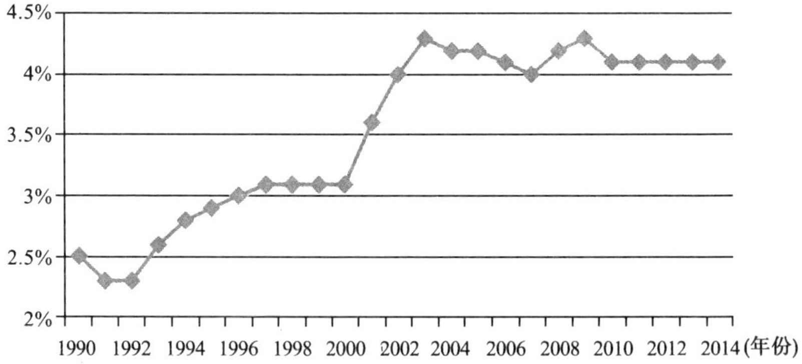

图 3-1　1990～2014 年我国的城镇登记失业率

① Malcolm Fisher. Exploration in Saving Behavior[M]. Oxford University Institute Statistics Bulletin 18, 1956, (8): 201-227.

② M. Friedman. A Theory of the Consumption Function[M]. Princeton University Press, Princeton, NJ, 1957.

③ J. Skinner. Risky Income, Life Cycle Consumption, and Precautionary Saving[J]. *Journal of Monetary Economics*, 1988, 2(22): 237-255.

④ C. D. Carroll, R. E. Hall, S. P. Zeldes. The Buffer－stock Theory of Saving: Some Macroeconomic Evidence[J]. *Brookings Papers on Economic Activity*, 1992, 2: 61-156.

从图 3-1 中可以看出，自 1991 年起到 2000 年这 10 年间，城镇登记失业率始终表现出较缓慢的上升趋势。造成下岗失业人数不断攀升的原因一方面是就业制度改革，经营不善的国有企业、集体企业和机关事业单位实行减员增效、下岗分流；另一方面是文化程度较低、身体健康状况较差等人口学特征导致一部分职工更容易下岗失业。而 2000～2003 年间，随着制度改革不断深化以及互联网泡沫等宏观经济形势的影响，城镇登记失业率经历了一个快速的上升期，并在之后一直保持在 4%以上的水平。

在这里我们需要注意，由于不能保证所有的失业人员都会进行失业登记，因此有理由认为统计数据中的城镇登记失业人员数小于实际失业人员数，从而造成了对城镇居民失业率的低估。笔者接下来选取了 1990～2012 年①以来的城镇居民平均就业者负担的家庭人口数②进行了补充验证，如图 3-2 所示。从图 3-2 中可以看出，就业者负担的家庭人口数在 1999 年之前为 1.7～1.8，但是自 1999 年起，该指标有了一个快速的上升，并在此之后仍然继续升高，除了在 2007 年有小幅下降之外，就业者负担的家庭人口数平均维持在 1.93 左右。城镇居民平均就业者负担的家庭人口数与城镇登记失业率的变化趋势基本一致。这段时期内，就业和收入分配等制度都在经历改革，家庭负担率逐渐上升，表明居民的失业风险逐渐增加，收入不确定性随之增大。

结合城镇登记失业率和城镇居民家庭平均就业者负担的人口数这两项指标在时间序列上的变化可以看出，城镇居民在制度改革等宏观背景下不断增加的家庭负担和失业风险带来了收入

① 注：国家统计局自 2013 年起开展城乡一体化调查，不再区分城镇和农村数据，故此处数据仅到 2012 年。

② 这里是指城镇居民家庭平均每位就业者负担的人数，即家庭人口与就业人口之比。

不确定性。城镇登记失业率的增长趋势伴随着城镇居民家庭平均就业者负担人口数的增加，这增大了城镇居民的就业压力和竞争压力，增强了居民的失业风险预期，从而增加了对收入不确定性的预期。

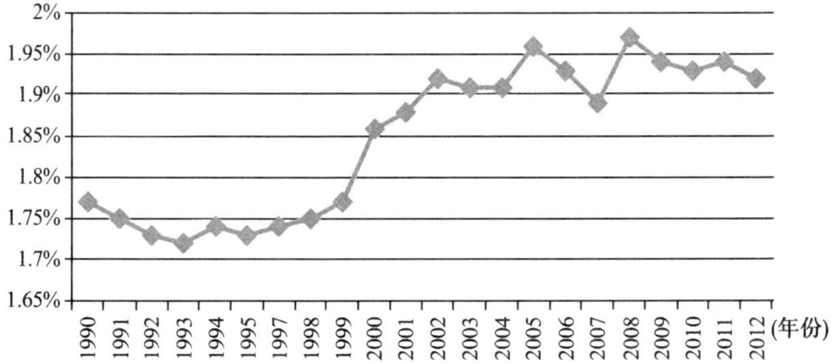

图 3-2　1990～2012 年城镇居民家庭平均每位就业者负担的家庭人口数

二、支出不确定性与城镇居民的消费行为

前文已经分析过，预防性储蓄理论适合分析我国经济体制转轨这一特殊时期的居民消费和储蓄行为，但是诞生于西方国家的预防性储蓄理论的基础是收入不确定性。换句话说，如果消费者对未来收入预期稳定，没有预期到不确定性，就不会进行预防性储蓄。需要指出的是，西方预防性储蓄理论是建立在成熟的市场经济规则之上的，这意味着对居民生活的各方面都有相应的、较为完善或稳定的制度保障，居民未来的消费支出大多是可预期的，因此居民消费支出行为存在的不确定性较小。相比而言，我国正处于经济体制转轨过程中，不断深化的社会福利制度改革（如教育、养老和医疗等）导致城镇居民对未来的支出预期产生了许多不确定性。尤其是 20 世纪 90 年代以来，教育和医疗等人力

资本投资方面的支出成了居民面临的不确定性最大的支出项目之一。①

基于此，支出不确定性应该和收入不确定性一样，作为居民进行预防性储蓄的重要原因而纳入到预防性储蓄的分析框架之中。由于一定时期内的消费支出具有不确定性，因此城镇居民可能为了应付这种支出方面的不确定性而提高储蓄水平。支出不确定性越大，相应的储蓄水平就越高，这种储蓄也是预防性储蓄。了解我国在制度转轨时期各项社会福利制度的改革，不仅要分析制度变革时期的居民收入不确定性，而且还要考虑城镇居民面临的支出不确定性，这对于解释转轨时期我国城镇居民的消费和储蓄行为具有重要的意义。

(一)教育支出的不确定性

教育制度的改革导致居民对未来教育支出的不确定性预期增加，这是居民进行预防性储蓄的原因之一。我国目前正在普及普通高中教育，在很多西方国家，受教育者到了高中及更高的教育阶段，就可以通过各种形式的打工来赚取生活费和学费，维持自己的生活。而自 20 世纪 90 年代起，我国对各个教育阶段的收费标准和义务教育保障等都处在变革之中。自 1994 年 5 月起，国务院颁布了《关于深化高等教育体制改革的若干意见》，取消了此前教育的公费和自费双轨制，实施高校收费并轨，此后人们对教育费用预期的不确定性逐渐增加。② 此外，各种名目的择校费、军训费等服务类费用和代收费用也增加了居民对教育支出的负担。不仅是义务教育，在全民受教育程度逐渐提高的背景下，

---

① 参见李通屏：《中国消费制度变迁研究》，经济科学出版社 2005 年版，第 4～5 页。

② F. Modigliani, S. L. Cao. The Chinese Saving Puzzle and the Life-Cycle Hypothesis[J]. *Journal of Economic Literature*, 2004, 42(1): 145-170.

高等教育的收费制度也在日渐深刻地影响着居民的教育支出预期。2013年3月4日，财政部、国家发改委和教育部联合发布了《关于完善研究生教育投入机制的意见》，要求自2014年秋季学期起，研究生教育开始全面收费，虽然与此同时也完善了奖助制度，但从2013年考上研究生的学生们暗自庆幸赶上了公费“末班车”的情况来看，人们目前仍然将研究生教育全面收费的新政策视为是增加了一笔教育支出，或者说是提高了一道高等教育的门槛。

在子女受教育的不同阶段，家庭收入水平导致的流动性约束会影响子女教育的人力资本回报。具体来说，在子女受教育的早期，家庭受到流动性约束对教育所得回报的负面影响更大。对于居民家庭在不同受教育阶段具体负担的教育费用，考虑到数据可得性和统计口径的统一性①，本研究选取了1998年、2002年、2007年和2011年这四个年份作为代表，并挑选了对家庭教育具有普遍性的五类不同教育阶段的学校类别，即幼儿园、普通小学、普通中学（包括普通初中和普通高中）、中等职业学校和普通高等学校，各类学校在代表性年份中的学杂费情况如图3-3所示。

从图3-3的数据可以看出，普通高等学校的学杂费自1998年起开始快速大幅上升，从比普通小学、普通中学学杂费稍低一些的0.73亿元上涨到了2011年的14亿元，年均增长率高达25.5%，是增长速度最快、涨幅最大的学杂费类别。其次，普通中学学杂费自1998年以来也呈现出明显上涨的趋势，1998～2007年这10年间，普通中学学杂费增长了3.48倍，但在2007年后一

① 参见 http://data.stats.gov.cn/easyquery.htm?cn=C01&zb=A0M0Y07&sj=2018。自1997年起开始有详细区分教育阶段的教育经费数据。2012年及以后的年份对相关教育经费数据口径进行了调整，故此处不选取。

直保持平稳。普通小学学杂费是自1998年以来唯一一个下降的类别,但下降幅度仅为5.4%。尽管自2008年9月以来,国家逐步实现了城乡义务教育免除学杂费,但是就统计数据来看,中学阶段的教育支出仍然是家庭支出中难以避免的一项。另外,2002年后中等职业教育逐渐兴起,起到了对高中生源分流的作用。幼儿园的学杂费支出在2007年后从无到有,并且呈现出快速上涨的趋势。综合来看,教育支出表现出了在教育阶段的两端快速增长的特点。

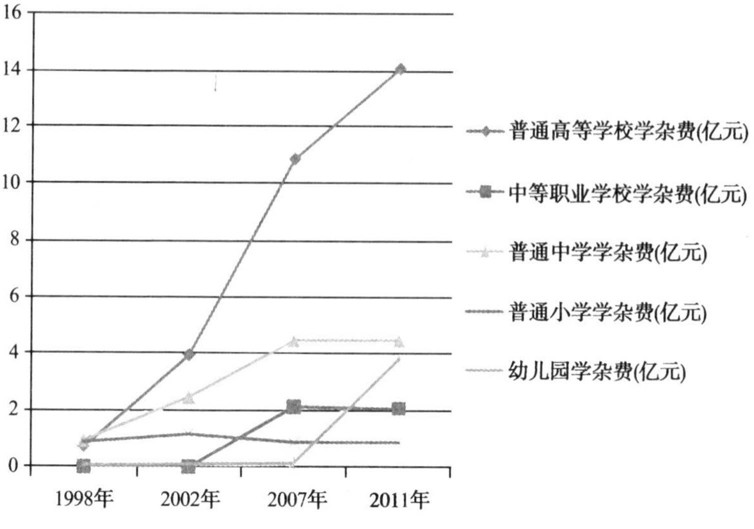

图 3-3 1998～2011年四个代表年份中各类学校学杂费的情况(注:各年学杂费以1998年为基期,剔除物价变动的影响)

结合计划生育的时代背景,居民家庭对子女教育的重视程度逐年增加,在教育学杂费普遍上涨的情况下,教育支出成了家庭消费支出的重要项目,其变动水平也影响着家庭对教育支出不确定性的预期。

(二)养老支出的不确定性

从养老保障制度上看,我国与发达国家也存在较大的差距。以美国为例,美国的养老基金制度不仅在其人口老龄化不断加剧的情况下最大限度地解决了养老保障问题,而且还对经济增长起到了积极的促进作用。美国的养老保障水平负担了60%的65岁及以上老年夫妇的收入和50%以上的单身老人的收入,成为美国多数老年人口的主要经济来源。这主要得益于美国发达的私人养老制度,在保值增值的压力下,其逐渐发展为以盈利为目的的市场化基金。[①] 中国在市场经济体制下建立社会养老保险制度的时间相对较短,虽然发展迅速,但制度尚不够健全。就城镇居民来看,养老保险的参保率在2002～2014年逐年稳步提高,从58.6%增加到了86.8%[②],覆盖率也有明显提高。同时,在养老保险制度不断完善的过程中,还出现了人口老龄化不断加快、就业人员缴纳养老金的负担加重等问题。图3-4为1995～2014年这20年间,扣除物价变动之后的养老保险基金实际年结余和实际年增长率。[③]

从图3-4中可以看出,1995年以来,我国养老保险基金的变化趋势大致可以分为两个阶段:第一阶段是1995～2001年,在这一阶段,我国养老保险基金几乎是收支相抵的,很少出现结余,甚至在1998年还出现了负债现象。同时,养老保险基金年增长率

---

① 参见李珍、杨玲:《养老基金制度安排与经济增长的互动——以美国为研究对象》,载《金融研究》2001年第2期。

② 数据来源:数据由笔者整理国家统计局相关数据计算得到,参见 http://data.stats.gov.cn/easyquery.htm? cn=C01&zb=A0S13&sj=2018。参保率为城镇参加养老保险的人数在城镇就业人数中所占的比重。

③ 数据来源:数据由笔者整理国家统计局相关数据计算得到,参见 http://data.stats.gov.cn/easyquery.htm? cn=C01&zb=A0S13&sj=2018。

波动较大,1996～1999 年年增长率连续 4 年下降,在 2000 年有一个短暂的大幅增加,年增长率高达 300%,达到历史最高点,并在 2001 年回落到与 1995 年大约持平的水平上。第二阶段是2002～2014 年,在这一阶段,我国养老保险基金的实际年结余量快速稳步增长,养老金增长率也相对稳定,尤其是 2002～2012 年间,养老保险基金以平均每年 33.8%的增速增长,而 2013～2014 年间,养老保险基金再次出现年结余量下降的趋势,增长率分别下降了 7.6%和 17.3%,这在一定程度上反映出我国人口老龄化进程加快,养老保险基金保值增值压力增加的现状,使得居民对养老保险的依赖有所降低,转而增加预防性储蓄来应对养老方面支出的不确定性。

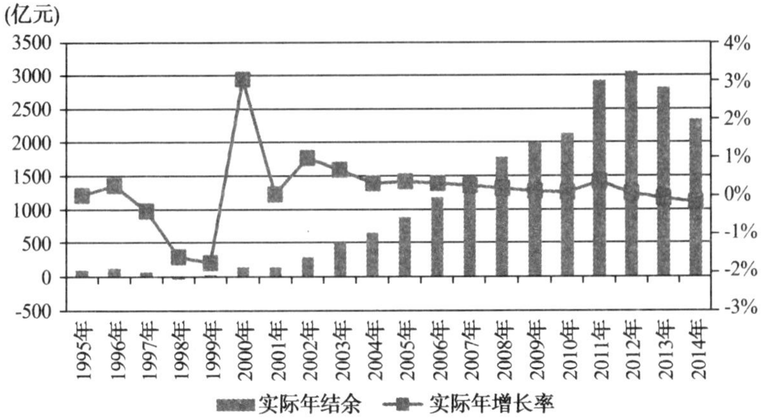

图 3-4 1995～2014 年养老保险基金的实际年结余和实际年增长率

随着我国人口老龄化进程的加快,人口红利也在逐渐缩减。虽然自 2005 年以来基本养老金的缴纳比例不断上调,但各地区之间的养老保险基金分布很不均衡,不能完全保障养老金长期足额的供给,这在一定程度上强化了居民对未来养老支出不确定性的预期，因而被迫进行储蓄。据预测，到 2030 年，我国总退休人口占就业人口的比例大约为 47.3%[①]，同时 3 亿农民工将陆续进入退休年龄[②]，届时养老基金可能会出现较大的缺口。我国的基础养老金最低标准为每人每月 55 元，直到 2014 年 7 月，根据人社部和财政部发布的信息，将基础养老金最低标准上调到每人每月 70 元，部分省份仍然维持原来每人每月 55 元的标准。显然，仅靠这样的养老保障标准无法完全保障居民的日常生活，必然促使居民增加预防性储蓄来为自己的养老做打算。

（三）医疗支出的不确定性

从医疗保险制度上看，西方发达国家在 20 世纪 70 年代以前经济快速发展，同时建立了覆盖全民的医疗保险制度。随后，各国经济增长速度明显下降，但是受福利刚性的影响，仍不得不继续坚持高额的医疗保险基金支出，为此西方发达国家纷纷采取了相应的改革措施。[③]

相比之下，我国的医疗保险制度起步较晚，经历了从计划经济到市场经济的转变，从 1950 年建立的覆盖全民的公费医疗制度到 1960 年建立的农村合作医疗制度，都是计划经济体制下福利性较高的医疗制度，但同时存在道德风险等问题，不利于经济的快速发展。1998 年，我国政府出台了《国务院关于建立城镇职工基本医疗保险制度的决定》，城镇职工医疗保险制度逐步建立。随着 2003 年新型农村合作医疗制度和 2007 年城镇居民基本医疗保险制度的相继出台，我国已经逐步建成了覆盖城乡的基本医

① 参见李勇辉、温娇秀：《我国城镇居民预防性储蓄行为与支出的不确定性关系》，载《管理世界》2005 年第 5 期。

② 参见李爱：《农民工社会保障问题及对策研究》，载《东岳论丛》2007 年第 5 期。

③ 参见彭晓娟：《西方国家医疗保险制度改革趋势及对我国的启示》，载《重庆工商大学学报（社会科学版）》2006 年第 3 期。

疗保险体系。

经过一系列医疗保障制度改革，我国居民的医疗费用支付从公费支付逐渐改为以城乡居民自主负担为主，国家适当补助为辅。我国的医疗保障制度发展迅速，2000 年个人卫生支出占卫生总费用的 61.7%，2012 年下降到 44%。本研究选取了 9 个国家的医疗卫生费用负担比例，与我国进行了国际间的横向比较，图 3-5 为 2012 年我国与部分发达国家（美国、德国、加拿大、瑞典、日本和英国）以及与我国经济发展水平较为接近的“金砖国家”（俄罗斯、巴西和南非）的医疗卫生支出负担比例，可见我国的个人卫生支出负担比例相比于巴西等其他“金砖国家”较低，但相比于英国、日本等发达国家还有较大差距。①

医疗费用支付方式的转变给我国城镇居民的医疗支出带来了很大的不确定性，提高了城镇居民对医疗支出水平的预期，导致城镇居民不得不增加预防性储蓄。

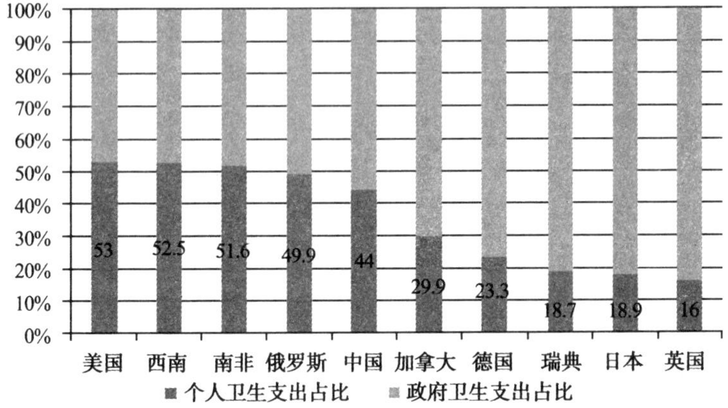

图 3-5 2012 年我国与其他 9 个国家的医疗卫生支出负担比例对比②

① 注：美国的私人医疗保险在医疗保障制度体系中的占比较大。

② 参见国家卫生和计划生育委员会：《中国卫生和计划生育统计年鉴 2015》，中国协和医科大学出版社 2015 年版，第 392～398 页。

(四)住房支出的不确定性

我国的住房制度改革具有一定的特殊性。在计划经济时期,城镇居民的住房由国家统一建设,根据家庭成员的年龄、职业等特定条件进行统一分配,此时住房具有很强的福利性质,而不会导致较大的开支。改革开放之后,我国的房地产制度经历了一系列市场化改革,原先国家向城镇居民分配住房的制度逐步取消,住房逐步实现了商品化,房地产市场逐渐形成和发展起来。2003年以来,我国的城镇住房制度改革进一步推进,房地产业逐步发展成为促进居民消费、扩大内需、拉动投资的主导产业,实现了我国住房市场化的根本转变。从住房包分配到住房货币化改革,在房地产市场逐步市场化的过程中,居民的住房条件得到了根本性的改善,其中,城镇居民人均住房建筑面积从最初的不足4平方米增长到了2012年的32.9平方米①,实现了由市场对房地产的供给和需求进行调节,而城镇居民相应地也增加了住房支出这笔大额开支。我国的房地产市场形成较晚,在发展过程中出现了投资增长过快、房价上涨幅度过大等问题,在城镇居民已经增加了的住房支出上,又增加了由房地产市场变化、房价波动导致的住房支出不确定性,这也成了促进居民增加预防性储蓄的原因之一。

另外,前文提到,由于20世纪80年代的计划生育政策和我国传统思想的影响,男女出生比例出现了偏离自然出生率的现象。图3-6所示为2014年我国0～70岁人口性别比(女性为100)的抽样调查结果,可以明显地看出,相比于其他年龄段的性别比,30岁以下人口的性别比失衡严重,0～14岁人口的性别比甚至超过了115,即该年龄段男性明显多于女性。

---

① 参见盛来运:《中国统计年鉴2014》,中国统计出版社2014年版,第169页。

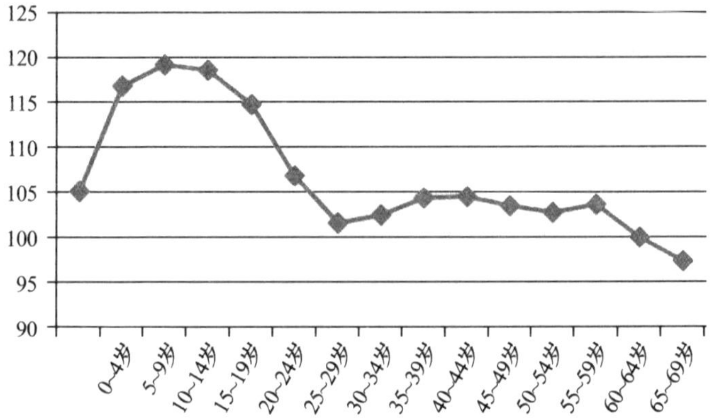

图 3-6　2014 年我国 0～70 岁人口的性别比①

在性别比失衡的社会背景下，房价上涨可能对有未婚子女的家庭的消费行为产生特殊的影响：在提倡“一对夫妇生育一个孩子”的计划生育政策的影响下，家庭开始倾向于根据自己的偏好对胎儿性别进行选择，对男孩的较强偏好导致全社会的性别比，尤其是年轻一代（明显受到计划生育政策影响的一代）的性别比不再符合自然规律，而是出现了男孩出生率明显高于女孩的现象。

笔者认为，居民对性别比失衡的现实已有普遍认识，在家中有男孩出生时就会考虑到孩子成年后在婚姻方面面临的激烈竞争，这种预期时间跨度较长，但是相对稳定，因此不仅有成年未婚男性的家庭，而且还有未成年未婚男性的家庭（尤其是收入水平较低，或收入水平稳定但对收入增长预期不高的家庭）也可能会提前降低家庭消费水平，为将来在婚姻方面的竞争提前准备。

根据以上分析可知，随着教育、养老保险、医疗保险和住房等社会福利制度改革的不断推进，我国城镇居民不得不相应地不断

① 参见 http://data.stats.gov.cn/easyquery.htm?cn=C01&zb=A030604&sj=2018。

调整支出预期，导致城镇居民面临着较大的未来支出不确定性。除了以上提到的改革外，还有其他方面的制度变化，如就业体制改革、二胎政策放开等也会影响城镇居民的生活状况，提高城镇居民对未来生活的支出不确定性预期，促使城镇居民减少消费，提高预防性储蓄水平。

自 20 世纪 90 年代以来，我国城镇居民生活的多个方面受到了各项社会福利制度变化的影响，未来将要面临的支出不确定性预期随之不断发生变化。基于以上分析，本研究认为支出不确定性与收入不确定性都能导致居民进行预防性储蓄，所以笔者尝试着从收入和支出两方面的不确定性角度解释了经济转轨时期我国城镇居民的预防性储蓄行为。

第三节　本章小结

从经验分析来看，预防性储蓄理论在我国已经有了比较广泛的研究应用。但是，国情、制度背景的巨大差异使得适用于分析国外情形的西方经济学理论在实际应用于我国时不能照搬，需要针对我国具体的情况进行创新。本章结合我国制度转轨、改革深化的宏观背景和对居民家庭储蓄水平的相关研究成果进行了理论分析，认为相较于生命周期—持久收入理论等，预防性储蓄理论更适合解释当前我国居民相对高储蓄、低消费的现状。

本章探讨了收入和支出两方面的不确定性对我国城镇居民消费行为的影响及途径，主要通过梳理我国在教育、养老、医疗和住房等社会福利制度方面的变革与居民生活消费支出的关系，强调了支出不确定性在制度转轨时期对我国城镇居民的消费和储蓄行为具有不可忽视的作用，注重将城镇居民收入和消费支出的不确定性同时纳入经济模型进行分析。

第四章　对不同收入阶层城镇居民的预防性储蓄行为的分析

20 世纪 90 年代以来，我国城镇居民在收入增长的同时，平均消费倾向不断下降，储蓄率不断提高。在当前经济呈现出新常态的发展阶段，居民的生活幸福最大化成了新常态经济的最终目标，释放居民的消费潜力，依靠消费促进经济健康发展的要求也越来越迫切。因此，深入了解在居民收入增加的同时，消费率持续大幅度下降并维持在一个较低的水平，而相应的储蓄率大幅度上升并维持在一个较高的水平的原因具有非常重要的意义。

自改革开放以来，我国居民的收入差距不断扩大，不同收入阶层家庭之间的消费和可支配收入增长呈现出不同的变动趋势。根据“消费敏感性假说”，消费变动与收入变动具有显著的相关性①，收入变动是影响消费行为的重要因素。随着收入水平的提高，消费的增长速度越来越慢于收入的增长。以 1995 年和 2012

① M. A. Flavin. The Adjustment of Consumption to Changing Expectations about Future Income[J]. *The Journal of Political Economy*, 1981, 89: 974-1009.

年的数据[①]为例(见图 4-1),可见随着代表收入水平的收入组别的提高,平均消费倾向在不断下降,并且这种趋势随着年份的增加而愈发明显。

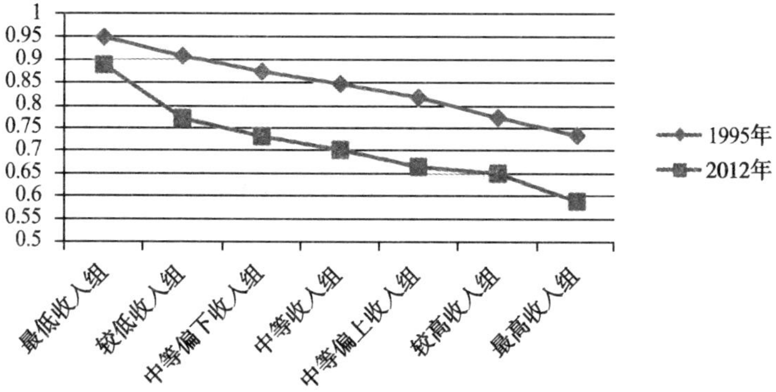

图 4-1　1995 年和 2012 年各收入组的平均消费倾向

从图 4-1 中可以看出,1995 年相邻两个收入组的平均消费倾向下降程度几乎相同,都相差 3～4 个百分点。而到了 2012 年,各组间的差距有了明显的变化:较低收入组的平均消费倾向与最低收入组相差最大,约有 12 个百分点;最高收入组比较高收入组的平均消费倾向低 6 个百分点;中等偏上收入组与较高收入组的平均消费倾向的差距却缩小为 1 个百分点。

因此,有理由认为在我国经济转轨时期,在居民家庭收入不断提高的同时,不同收入群体在消费行为中表现出了明显的异质性。本章将从不同收入阶层的角度,选取 1995～2012 年的数据对不同收入阶层城镇居民预防性储蓄行为的异质性进行研究。

① 参见 http://data.stats.gov.cn/easyquery.htm?cn=C01&zb=A0A0802&sj=2018。平均消费倾向由笔者计算得到。

第一节　模型设定

一、基础模型

根据预防性储蓄理论，风险厌恶型消费者会考虑到不确定性的存在，从而不再只是将收入平均分配到整个生命周期。前文已经分析过，不确定性、流动性约束以及消费习惯可能是造成城镇居民持续高额储蓄的重要影响因素。基于此，根据坎培尔和曼昆对流动性约束的描述①以及迪南对消费习惯与收入不确定性对当期消费影响的相关分析②，本研究在迪南经典预防性储蓄分析模型的基础上进行了扩展，同时考虑了不确定性、流动性约束和消费习惯等因素，对我国不同收入阶层城镇居民预防性储蓄行为受这些因素影响的情况进行了探讨。根据消费者最优选择模型，笔者得出消费者 i 在第 t 期的目标函数为：

$$\max_{C_{i,t+j}} E_t\left[\sum_{j=0}^{T-t}(1+\delta)^{-j}U(\bar{C}_{i,t+j})\right] \tag{4-1}$$

约束条件为：

$$A_{i,t+j}=(1+r)A_{i,t+j}+Y_{i,t+j}-C_{i,t+j} \tag{4-2}$$

$$A_{it}+Y_{it}-C_{it}+Z_{it}\geqslant 0 \tag{4-3}$$

式中，E_t 表示基于 t 期信息所做出的预期；δ 表示时间偏好

① J. Y. Campbell, N. G. Mankiw. The Response of Consumption to Income: A Cross-country Investigation[J]. *European Economic Review*, 1991, 35(4): 723-756.

② K. E. Dynan. Habit Formation in Consumer Preferences: Evidence from Panel Data[J]. *American Economic Review*, 2000, 90(3): 391-406.

率(假定其跨期不变且不同家庭之间有相同的时间偏好率);U 表示效用函数,跨期可加且各期之间相互独立,满足不确定性存在的必要条件,即 $U' > 0, U'' < 0, U''' < 0$;$C_{i,t}$ 表示消费者 i 在第 t 期的消费,$\bar{C}_{i,t}$ 表示第 t 期的有效消费,其具体计算公式为 $\bar{C}_{i,t} = C_{i,t} - \alpha C_{i,t-1} (0 \leqslant \alpha \leqslant 1)$,即当期的有效消费为当期消费 $C_{i,t}$ 与前一期消费 $C_{i,t-1}$ 在当期影响值的差值;α 表示习惯强度,即前一期消费对当期消费的影响程度;$A_{i,t}$ 表示消费者 i 在第 t 期的财富值,并给定 $A_{i,T+1} = 0$,其中 T 表示生命周期长度,r_t 表示实际利率;$Y_{i,t}$ 表示劳动收入;$Z_{i,t}$ 表示消费者 i 在第 t 期所能借贷资本的最大限额。因此,式 4-3 表示的是消费者受到的流动性约束。

采用动态最优化的贝尔曼方程对模型求解,当 $j=1$ 时得到欧拉方程:

$$\left(\frac{1+r_t}{1+\delta}\right)E_t[U'(\bar{C}_{i,t+1})] = U'(\bar{C}_{i,t}) - \lambda_{i,t} \qquad (4\text{-}4)$$

式中,$\lambda_{i,t}$ 为约束条件 4-3,即流动性约束表达式所对应的拉格朗日乘子。式 4-4 表示当消费者面临流动性约束时,居民在进行跨期决策时并不能平滑有效消费来达到一生效用的最大化。因此,给定下一期的有效消费,当期的有效消费要低于没有流动性约束下的完美市场预期,也就是说 $\lambda_{i,t} > 0$。该方程是由迪南的预防性储蓄模型扩展得到的,当 $\lambda_{i,t} = 0, \alpha = 0$,即消费者不受流动性约束和消费习惯的影响时,就是迪南的基础模型中的情形。

对 $U'(C_{i,t-1})$ 在 $C_{i,t}$ 处进行二阶泰勒公式展开,再代入式 4-4 并化简得:

$$E_t\left[\frac{\bar{C}_{i,t+1} - \bar{C}_{i,t}}{\bar{C}_{i,t}}\right] = \frac{1}{\xi}\left(\frac{r_t - \delta}{1+r_t}\right) + \frac{\rho}{2}E_t\left[\left(\frac{\bar{C}_{i,t+1} - \bar{C}_{i,t}}{\bar{C}_{i,t}}\right)^2\right] + \tilde{\lambda}_{i,t} + \eta_{i,t} \qquad (4\text{-}5)$$

式中，$\xi=-\bar{C}_{i,t}(U''/U')$为相对风险厌恶系数；$\rho=-\bar{C}_{i,t}(U'''/U'')$为坎贝尔提出的相对谨慎系数[①]，用来度量消费者所面临的不确定性的大小。通常认为，消费者面临的不确定性越大，其消费行为越谨慎，对应的相对谨慎系数越大；$\tilde{\lambda}_{i,t}=-\frac{1+\delta}{1+r_t}\cdot\frac{\lambda_{i,t}}{C_{i,t}U''}$，且由效用函数的条件可知，$\xi>0$，$\rho>0$，$\tilde{\lambda}_{i,t}\geqslant 0$；$\eta_{i,t}$是均值为0的误差项。

根据杜海韬、邓翔的分析[②]，消费增长率$\frac{C_{t+1}-C_t}{C_t}$可以用消费对数的一阶差分$\Delta\ln C_{t+1}$近似替代，又由迪南和米尔鲍尔的分析[③][④]，可以将$\Delta\ln(C_{i,t}-\alpha C_{i,t-1})$近似估计为$\Delta\ln C_{i,t}-\alpha\Delta\ln C_{i,t-1}$，因此可以将式4-5化简为：

$$\Delta\ln C_{i,t}=\beta_0+\beta_1 r_{i,t}+\alpha\Delta\ln C_{i,t-1}+\frac{\rho}{2}(1-\alpha)^2(\Delta\ln C_{i,t})^2+\tilde{\lambda}_{i,t}+\mu_{i,t} \tag{4-6}$$

式中，$\mu_{i,t}=\eta_{i,t}+\zeta_{i,t}$，$\zeta_{i,t}=\frac{\rho}{2}(\Delta\ln C_{i,t}-\alpha\Delta\ln C_{i,t-1})^2-\frac{\rho}{2}(1-\alpha)^2(\Delta\ln C_{i,t})^2-\omega$，$\omega=E_t[\frac{\rho}{2}(\Delta\ln C_{i,t}-\alpha\Delta\ln C_{i,t-1})^2-\frac{\rho}{2}(1-\alpha)^2(\Delta\ln C_{i,t})^2]$，而且假定满足$E_t\omega=0$的条件包含在常数项中。

---

① M. S. Kimball. Precautionary Saving in the Small and in the Large[J]. *Econometrica: Journal of the Econometric Society*, 1990, 58(1): 53-73.

② 参见杜海韬、邓翔：《流动性约束和不确定性状态下的预防性储蓄研究——中国城乡居民的消费特征分析》，载《经济学》2005年第2期。

③ K. E. Dynan. Habit Formation in Consumer Preferences: Evidence from Panel Data[J]. *American Economic Review*, 2000, 90(3): 391-406.

④ J. Muellbauer. Habits, Rationality and Myopia in the Life Cycle Consumption Function[J]. *Annales d'Economie et de Statistique*, 1988(9): 47-70.

在研究居民消费行为中面临的流动性约束时，依据坎培尔和曼昆的理论①，将消费者按照所受流动性约束的情况分为两类：第一类消费者的消费行为符合凯恩斯绝对收入理论所描述的情形，即其当期消费完全依赖于当期收入，消费者具有短视性，消费决策行为可以表示为 $\Delta C_{1t} = \Delta Y_{1t}$ ，数字 1 表示第一类消费者；第二类消费者的消费行为符合霍尔提出的理性预期持久收入假说所描述的情形，消费者具有前瞻性，预料之中的收入变化对消费没有影响，消费的变化仅仅取决于有关持久收入变化的新信息，其消费决策行为可以表示为 $C_{2t} = C_{2t-1} + e_t$ ，数字 2 表示第二类消费者，e_t 表示持久收入变化的新信息，e_t 为白噪声。由式 4-4 有关 λ 的设定，假定这两类消费者在人群中所占的比例分别是 λ 和 $1-\lambda$ ，则可以得出：

$$\Delta c_{i,t} = \eta_0 + \eta_1 r_{i,t} + \gamma \Delta c_{i,t-1} + \theta (\Delta c_{i,t})^2 + \lambda \Delta y_{i,t} + \varepsilon_{i,t} \tag{4-7}$$

式 4-7 即是在迪南模型的基础上引入了流动性约束和消费习惯影响的预防性储蓄模型。式中，$\Delta c_{i,t}$ 表示消费对数的一阶差分，即 $\Delta c_{i,t}$ ；$\Delta y_{i,t}$ 表示收入对数的一阶差分；$\lambda_{i,t}$ 表示收入变动对消费的影响，即消费对收入的敏感系数，在此也表示消费者中受到流动性约束的比例，其数值越大，表示消费者群体中受到流动性约束的人越多，反之则越少。

二、考虑收入阶层异质性的拓展模型

根据前文的讨论，由于不同收入阶层的居民收入水平差异较

① J. Y. Campbell, N. G. Mankiw. The Response of Consumption to Income: A Cross-country Investigation [J]. *European Economic Review*, 1991, 35 (4): 723-756.

大，不同收入阶层居民的消费和储蓄行为存在一定的异质性，将所有城镇居民的消费行为放在统一的分析框架中无法体现出这种异质性。对 λ 的设定表明，受流动性约束的仅为人群中的一部分，而低收入和流动性约束是密切联系的，因此低收入群体受到流动性约束的影响强度要比高收入群体大得多。基于此，笔者假设当各收入阶层城镇居民的人均可支配收入小于总体人均消费支出时，会受到较强的流动性约束。反之，居民受到流动性约束的程度就是不确定的。表 4-1 将收入水平按照由低到高的五个不同收入阶层城镇居民的人均可支配收入与同年全国的人均消费支出进行了对比。①

表 4-1　我国不同收入阶层城镇居民人均收入与消费支出对比　（单位：元）

年份	人均可支配收入					人均现金消费支出
	最低收入组	较低收入组	中等偏下组	中等收入组	中等偏上组	
2003	2590.2	3970.0	5377.3	7278.8	9763.4	6510.9
2006	3568.7	5540.7	7554.2	10269.7	14049.2	8696.6
2009	5253.2	8162.1	11243.6	15399.9	21018	12264.6
2012	8215.1	12488.6	16761.4	22419.1	29813.7	16674.3

数据来源：2004～2013 年相关年份的《中国统计年鉴》。

从表 4-1 中可以看出，在四个代表性年份中，各年度最低收入组、较低收入组、中等偏下组三个收入阶层的人均可支配收入都小于人均现金消费支出，表明这三个收入阶层受到的流动性约束较强。因此，将最低收入组、较低收入组和中等偏下组（1、2、3

① 由数据对比可知，较高收入户和最高收入户的人均可支配收入水平必然高于人均消费支出水平，故此处省略这两组的对比。

阶层)定位为受到较强流动性约束的较低收入阶层,将中等收入组、中等偏上组、较高收入组和最高收入组(4、5、6、7 阶层)定位为受流动性约束影响不确定的中高收入阶层。

根据以上分析,在式 4-7 检验的基础上,本研究将针对受流动性约束影响不确定的 4、5、6、7 四个阶层再单独用式 4-8 进行检验,以考察收入较高的几个阶层中去掉流动性约束因素后其他各影响因素系数的变化。

$$\Delta c_{i,t} = \eta_0 + \eta_1 r_{i,t} + \gamma \Delta c_{i,t-1} + \theta (\Delta c_{i,t})^2 + \varepsilon_{i,t} (i = 4,5,6,7) \tag{4-8}$$

式 4-7、4-8 即为综合考虑了利率、不确定性、流动性约束和消费习惯的预防性储蓄动态面板模型,其中式 4-8 是对中高收入群体受到流动性约束情况的对比模型。具体来看模型中的参数,η_1 表示实际利率对消费增长的影响,主要可分为收入效应和替代效应两方面,若 $\eta_1 < 0$,则表示实际利率对消费增长的替代效应大于收入效应,反之则表示收入效应大于替代效应。γ 表示消费习惯强度,由于滞后期数越多对当期消费的影响越小,因此模型中仅考虑消费一阶滞后值,即上一期消费对当期消费的影响程度。消费增长率的平方 $(\Delta c_{i,t})^2$ 表示不确定性,其系数 θ 反映不确定性对消费增长率的影响大小,可以表示消费者预防性储蓄动机的强弱,系数越大表明预防性储蓄动机越强,反之就越弱。λ 表示收入变动对消费的影响,即消费对收入的敏感系数,在此也表示消费者中受到流动性约束的比例。λ 越大,表示消费者群体中受到流动性约束的人数越多,反之则越少。

第二节　数据及变量说明

一、数据来源及描述

本研究利用了1995～2012年不同收入阶层城镇家庭的抽样调查数据，所有数据来自于《中国统计年鉴》《中国物价及城镇居民家庭收支调查统计年鉴》及中经网统计数据库。所有数据均以1995年为基期，将名义量以1995年的城镇居民消费价格指数换算成实际量。所有城镇调查户按人均可支配收入由低到高，按10%、10%、20%、20%、20%、10%、10%的比例分为七个阶层，分别为最低收入组、较低收入组、中等偏下组、中等收入组、中等偏上组、较高收入组和最高收入组。所选取的数据包括中国人民银行公布的一年期定期存款利率、各个年份按城镇居民收入组划分的各组可支配收入和消费性支出。表4-2所示为对变量的描述性统计。

表4-2　　对变量的描述性统计

变量	含义	均值	标准差	最小值	最大值
$\ln C$	对数消费	8.66	0.63	7.63	10.16
$\ln y$	对数可支配收入	8.9	0.75	7.68	10.69
r	实际利率	2.61	2.6	0.86	9.98
$\Delta\ln C$	对数消费的差分	0.07	0.04	−0.11	0.29
$\Delta\ln C_{t-1}$	对数消费差分的一阶滞后	0.07	0.04	−0.11	0.29
$(\Delta\ln C)^2$	消费增长率对数的平方	0.01	0.01	0	0.09
$\Delta\ln y$	对数可支配收入的差分	0.08	0.04	−0.14	0.24
$(\Delta\ln y)^2$	可支配收入增长率对数的平方	0.01	0.01	0	0.06

二、各变量的含义及说明

(一)当期消费性支出与前一期消费

本研究建立的模型中,用到的消费性支出可以直接从统计年鉴中获取,前一期消费是对当期消费的滞后一期,其系数表示的是消费习惯强度。由于越早期的消费(即消费滞后期数越多)对当期消费的影响越小,因此本研究只选取了影响最大的滞后一期消费来考察消费习惯。

(二)利率

有的年份中央银行对存款利率进行了调整,这种情况下将该年度内以利率水平执行的月数为权重计算出当年的加权平均利率,作为名义年利率,扣除掉城镇居民消费价格指数后得到实际利率。

(三)不确定性

对不确定性的度量一直是预防性储蓄理论的难点之一,不同收入阶层居民面临的不确定性大小不同,他们对不确定性的反应或者说敏感程度也不相同。使用消费增长率和收入增长率的平方进行衡量能够较准确地反映居民对未预期的收入变化的反应,因此,在本研究的初步设计中,同时考虑了将消费增长率的平方及收入增长率的平方作为衡量指标的合理性。从表 4-2 中可以看出,消费增长率与收入增长率以及它们的平方项之间均值与标准差近乎相同。在 119 个样本中,收入增长率小于消费增长率的只有 28 个,其余 91 个样本的消费增长率均小于收入增长率。这虽然在一定程度上说明了消费的平滑性,但就波动来说,从不同收入阶层的样本方差(见表 4-3)可以看出,收入增长率与消费增长率的总计方差相等。将二者的均值与方差结合起来看,可以近似认为总体上样本的消费增长率与收入增长率的分布大致相同。具体到各个收入阶层来看，1、2、3、4 阶层收入的增长率方差稍稍大于消费，而 5、6、7 阶层消费增长率的方差却明显大于收入增长率的方差，这表明消费的波动更为明显。根据以上分析，在该样本消费增长率与收入增长率分布近乎相同的情况下，使用消费增长率的平方项衡量不确定性更加合理。

表 4-3　各收入阶层消费增长率与收入增长率的样本方差

收入组	$\Delta C_{i,t}$	$\Delta y_{i,t}$	收入组	$\Delta C_{i,t}$	$\Delta y_{i,t}$
1	0.00314	0.00467	5	0.00081	0.00047
2	0.00166	0.0021	6	0.00122	0.00064
3	0.0008	0.00112	7	0.00388	0.00198
4	0.00054	0.00062	总计方差	0.00175	0.00175

(四)流动性约束

在本研究建立的模型中，选取消费变动对收入变动的敏感程度，即消费的敏感系数来度量消费者面临的流动性约束。

第三节　实证结果及分析

本研究建立的模型的设定中，解释变量包含了被解释变量的滞后一阶值，用来反映城镇居民的消费习惯，所以从计量分析的角度来看，该模型是一个动态面板模型。然而，由于各收入阶层间适用的模型不同，考虑到整体效应与个体效应，在此根据式 4-7、4-8 分两种情况，使用变系数模型分别进行估计。其中，三个估计参数稳定性检验的 p 值均小于 0.05，强烈拒绝“参数不变”

的原假设，因此认为应使用随机系数模型。

本研究使用随机系数模型，对低收入组和中高收入组分别按照相应的预防性储蓄模型进行检验，结果如表 4-4 和表 4-5 所示。

表 4-4　　　　低收入组的实证结果

变量名	式 4-7			
	总体	1	2	3
$(\Delta C_{i,t})^2$	2.659*** (2.69)	1.639** (2.47)	2.239*** (2.71)	3.975*** (4.48)
$\Delta y_{i,t}$	0.649*** (4.79)	0.799*** (11.73)	0.728*** (6.89)	0.425*** (4.12)
$\Delta C_{i,t-1}$	−0.094* (−1.83)	−0.091 (−1.28)	−0.149** (−2.00)	−0.044 (−0.81)
r	0.001 (0.45)	0.002 (0.58)	0.003 (1.26)	−0.002* (−1.77)
常数项	0.007 (0.83)	−0.001 (−0.14)	0.001 (0.13)	0.019 (3.49)
参数稳定性检验 p 值	0.022			

注："***""**"和"*"分别表示在 1%、5% 和 10% 的显著性水平下通过显著性检验。凡以下表格中出现的同样符号的含义皆同，不再注解。

表 4-5　　　　中高收入组的实证结果

变量名	式 4-7					式 4-8				
	总体	4	5	6	7	总体	4	5	6	7
$(\Delta C_{i,t})^2$	4.461*** (5.15)	6.092*** (13.5)	5.485*** (16.33)	3.828*** (10.88)	2.435*** (8.18)	4.867*** (5.92)	6.523*** (27.85)	5.777*** (19.2)	4.281*** (13.86)	2.906*** (12.76)
$\Delta y_{i,t}$	0.173*** (2.58)	0.066 (1.18)	0.167*** (2.71)	0.217*** (3.13)	0.238*** (3.64)					
$\Delta C_{i,t-1}$	−0.003 (−0.1)	0.005 (0.18)	−0.019 (−0.71)	−0.006 (−0.20)	0.012 (0.43)	0.018 (0.56)	0.016 (0.51)	−0.02 (−0.6)	0.021 (0.64)	0.048 (1.43)
r	−0.001 (−0.7)	−0.002*** (−3.9)	−0.001 (−1.08)	0.001 (0.47)	0.001 (0.02)	−0.001 (−1.3)	−0.002*** (−3.60)	−0.002*** (−2.9)	−0.001 (−1.05)	0.001 (0.4)
常数项	0.034*** (6.42)	0.037*** (8.87)	0.029*** (5.81)	0.032*** (5.2)	0.038*** (4.39)	0.046*** (10.8)	0.039*** (12.25)	0.044*** (13.4)	0.048*** (14.52)	0.053*** (16.66)
参数稳定性检验 p 值	0.000					0.000				

根据不同收入组家庭是否受到流动性约束，本研究使用了带有异质性的模型(式 4-7 和式 4-8)对其预防性储蓄行为的影响因素及影响程度进行了实证检验。从表 4-4 和表 4-5 的估计结果中可以看出，我国处于不同收入水平的城镇居民之间的预防性储蓄行为具有明显的异质性，尤其是不确定性和流动性约束对不同收入阶层的居民的消费和储蓄行为产生了明显不同的影响。

收入处于低水平的三个组(最低收入组、较低收入组和中等偏下收入组)的消费行为同时受到收入不确定性和流动性约束的影响，且影响系数都非常显著。消费支出对可支配收入的变化非常敏感，系数分别为 0.799、0.728 和 0.425。居民受到流动性约束的程度随着收入水平的提高而逐渐降低，说明低收入居民受到流动性约束的主要原因是收入水平的限制，且没有足够的家庭资产作为收入的补充。可见，收入对我国低收入居民的消费起着至关重要的影响作用，低收入群体的消费行为对收入存在明显的过度敏感性。这也说明在低收入群体中，受到流动性约束的人数比例随着收入水平的提高而递减。收入较低的三个组的平均消费倾向分别是 0.96、0.87 和 0.82，而其他各收入组的平均消费倾向均不超过 0.8，且呈现规律递减的趋势。

为进一步了解各收入组居民家庭的消费结构，表 4-6 列出了 1999 年和 2012 年各个收入组的恩格尔系数。从表中可以看出，各收入组之间的恩格尔系数变化趋势随年份的变化是比较一致的，1999 年最低收入组的恩格尔系数为 0.52，也就是超过一半的消费支出都要用在食品上；到 2012 年该组的恩格尔系数降为 0.45，仍然有将近一半的支出用在食品上。2012 年中等偏下收入组的恩格尔系数为 0.41，是三个低收入组中最低的。由此可见，低收入家庭的平均收入水平较低，生活质量不高，其消费结构还主要停留在维持“吃饱穿暖”的阶段，收入和支出的变动都比较小，所以不确定性对其消费行为的影响相对较小。不确定性对这三个低收入组的影响呈现出与流动性约束相反的趋势，即随着收入水平的提高，居民受到的收入不确定性的影响程度逐渐增加，按收入水平由低到高，影响系数分别为 1.639、2.239 和 3.975。

表 4-6　　1999 年和 2012 年各收入组的恩格尔系数

年份	最低收入组	较低收入组	中等偏下收入组	中等收入组	中等偏上收入组	较高收入组	最高收入组
1999	0.52	0.49	0.47	0.43	0.40	0.37	0.33
2012	0.45	0.43	0.41	0.39	0.36	0.33	0.27

综合来看，低收入组的消费支出以食品支出为主，较低的收入水平导致他们无力对生活质量进行明显的改善。由于低收入组受到较强的流动性约束，而越来越多的学者认为，衡量预防性储蓄强度不能仅仅考察不确定性系数的大小，因为这样容易导致遗漏变量偏差。[①] 作为影响消费和储蓄行为的重要变量之一，流动性约束和不确定性一样，可以体现预防性储蓄动机的强度。因此，可以认为低收入组的预防性储蓄动机比较强。

对于受流动性约束影响不确定的中高收入组来说，无论估计模型中是否包含流动性约束因素，不确定性均是影响其预防性储蓄行为的最重要因素，并且不确定性在四个收入组中的影响呈现依次递减的趋势，而消费习惯对消费增长率的影响较小，并且不显著。从组间的横向比较可以看出，中等收入组的居民家庭不确定性对消费增长率的影响系数达 6.092，在中高收入组中是受到不确定性影响最为显著的一组。流动性约束对中等收入组的影

---

① J. J. Lee, Y. Sawada. Precautionary Saving under Liquidity Constraints: Evidence from Rural Pakistan[J]. *Journal of Development Economics*, 2010, 91(1): 77-86.

响是所有收入组中唯一不显著的。利率也对该组家庭的消费行为有显著的负向影响,但是影响程度微弱。中等收入组主要由有一技之长、工作较稳定的居民组成,这部分家庭的收入多为较稳定的工资收入,且预期收入增长幅度不大,对生活质量又有一定的追求。为了保持生活质量不变或者提高生活质量,中等收入组的家庭对不确定性表现得较为敏感,因此当他们面对不断增强的房价变动、子女抚养支出等多方面的不确定性时,不得不增加预防性储蓄并减少消费,以提高应对不确定性的能力。

在考虑流动性约束的影响时,收入处于高水平的三个组(中等偏上收入组、较高收入组和最高收入组)不确定性对消费增长率的影响系数分别为 5.485、3.828 和 2.435,随着收入水平升高呈现出逐渐下降的趋势。结合中等收入组的不确定性影响系数,可见在中高收入水平的群体中,预防性储蓄动机强度随着收入组收入水平的提高而快速递减。流动性约束的系数分别为 0.167、0.217 和 0.238,且影响都非常显著。中等偏上收入组家庭的收入水平比较高,完全能满足基本的生活开支需要,同时相较于低收入组更容易获得贷款融资,受到的流动性约束强度也很低。但是,由于中等偏上收入组居民的收入水平依然是比较稳定的,未来收入增长的预期不够高,还不得不面对收入不确定性带来的冲击,因此其消费行为受到一定的制约,故中等偏上收入组居民的消费行为对收入不确定性表现出了较高的敏感性。较高收入组和最高收入组的家庭有足够高的收入和储蓄水平来应对生活中的不确定性,所以在四个中高收入组的实证结果中,预防性储蓄动机强度随着收入水平的提高而呈现快速减弱趋势。

接下来分析表 4-5 中去掉流动性约束变量之后发生的变化。虽然不确定性影响仍然呈现出了递减的整体趋势,但不确定性的影响系数却均出现了不同程度的上升，中等收入组、中等偏上组、较高收入组和最高收入组的系数分别上升了0.431、0.292、0.453和0.471。这个现象再次证明，预防性储蓄动机不仅是由不确定性带来的，而且还是不确定性与流动性约束共同作用的结果。

对七个收入阶层对比来看，不确定性对所有收入阶层的消费和储蓄行为都有显著的影响，并且影响程度随着收入水平的提高而呈现出先上升后下降的“倒U形”结构。对收入水平较低的三个组来说，消费和储蓄行为同时受到收入不确定性和流动性约束的影响，且随着收入水平的提高，流动性约束对消费的抑制作用逐渐减小，而不确定性带来的预防性储蓄动机则逐渐增强。对于中高收入组的居民而言，消费和储蓄行为也均会受到不确定性和流动性约束的影响，只是流动性约束的影响很小，只有0.2左右。其中，中等收入组居民的消费和储蓄行为对不确定性的敏感程度最大，这主要是由于这部分居民的收入来源较为稳定，收入预期增幅不大，所以为了维持生活质量不变或进一步提高生活质量，需要增加预防性储蓄来应对未来的不确定性。收入水平较高的四个组受到的不确定性影响依次递减，这主要是由于这四组居民收入水平较高，应对未来不确定性的能力随之增强，因而受到不确定性的影响程度逐渐减弱。

模型考察的另外两个影响因素——实际利率和消费习惯则对各个收入组的居民消费和储蓄行为的影响程度较小，且显著性水平总体而言不高。实际利率对我国城镇居民消费的影响程度基本相同，且大部分收入组实际利率的系数并不显著，仅中等收入组和中等偏上组受利率的影响非常显著，且系数均为负，表示实际利率对消费增长的替代效应大于收入效应，即实际利率上升时居民会减少现期消费而增加储蓄，在未来增加消费。

另外，消费习惯对各收入组的消费增长率影响整体相对较小，且显著性不高。受到流动性约束的三个较低收入组的总体面板回归结果表明，收入较低的居民其消费行为在一定程度上受消费习惯的影响，且影响程度为负向，这可能是由于该组居民收入水平较低，生活较节俭，因而其消费行为表现出了一定的耐久性。具体来看，每个受到流动性约束的收入组消费习惯的影响系数也几乎为负，说明收入水平较低的家庭过去一期的消费对当期消费具有一定的替代性。较低收入组的消费习惯在5%的水平下通过了显著性检验，可能的原因是收入水平不高且收入增幅较小，消费行为受到流动性约束，有些消费品在购买之后使用的时间相对较长且不急于更换。而收入水平较高、没有受到明显流动性约束的四个组中，除中等偏上组外，其余各组受到消费习惯的影响系数均为正，说明他们的消费行为受到一定的习惯偏好的影响，相比于收入较低组的居民具有一定的消费惯性。

第四节　本章小结

本章的实证模型建立在迪南预防性储蓄模型的基础上，同时引入了实际利率、不确定性、流动性约束和消费习惯等因素，利用1995～2012年国家统计局给出的全国城镇居民按收入阶层划分的抽样调查数据，充分考虑不同收入阶层居民消费和储蓄行为的异质性，按照受到流动性约束的程度将七个收入组的城镇居民家庭再划分为低收入组和中高收入组两个类别，分别构造了收入组间动态面板模型，运用随机系数模型对我国经济转轨时期不同收入阶层的城镇居民家庭预防性储蓄行为影响因素进行了实证检验。

检验结果表明,我国居民家庭的消费和储蓄行为所受的主要影响因素对处于不同收入阶层的城镇居民家庭具有异质性,且影响程度不同,体现了不同收入阶层的城镇居民预防性储蓄行为的异质性。具体来说,低收入群体的消费和储蓄行为主要受流动性约束和不确定性的共同影响;中等收入群体对未来不确定性更为敏感,具有较强的预防性储蓄动机;高收入群体面临不确定性时的预防性储蓄动机强度随收入水平的提高而降低。实际利率和消费习惯对各收入阶层的消费行为影响程度都相对较小。

第五章　对家庭财富与城镇居民消费行为的实证检验

前文提到，城镇居民的消费行为不仅受到家庭可支配收入的影响，而且家庭的财富持有作为家庭收入的重要补充，也对居民家庭的消费行为有一定的影响。在已有的绝大多数研究中，家庭财富主要指家庭持有的可直接用货币计量价值的资产，主要包括固定资产和金融资产两大类。中国家庭追踪调查数据库(CFPS)的调查数据表明，在固定资产中，住房资产是最重要的组成部分，在家庭资产中所占的比例高达84%；固定资产还包括生产性固定资产和其他实物资产，如古玩、字画和珠宝等。金融资产是家庭资产中流动性最强的部分，与劳动收入密切相关，主要包括现金及金融机构存款、政府债券、股票、基金等。家庭消费水平对持有的金融资产也会表现出一定的敏感性。

根据前文分析，人力资本具有可以为持有者带来劳动报酬等收益的性质，这和其他物质资本类似，因此笔者认为，在研究家庭财富对居民家庭消费和储蓄行为的影响时，应该将附着于家庭成员人身的人力资本纳入分析框架。本章将人力资本与家庭资产一起视为家庭财富的组成部分，将家庭资产和人力资本放在同一分析框架中，分析其对居民消费行为的影响。

不同类型的家庭财富对居民消费行为的影响可能具有一定的差异性，影响的作用机制也不相同。① 本章采用中国家庭追踪调查(CFPS)的微观家庭调查数据进行实证研究。与宏观统计数据相比，使用微观数据的优点十分明显：其不仅能解决宏观数据时间序列样本数量少的问题，而且信息量更加丰富，能够提供家庭内部持有不同类型的资产及负债、人力资本的状况及人口特征变量等多方面的检验数据，可以充分体现微观个体的异质性，提高分析结果的精确度，增强检验结果的说服力和可信度。

第一节　数据描述及变量选取

本研究在分析中所使用的数据来自北京大学"985"项目资助和北京大学中国社会科学调查中心开展的中国家庭追踪调查。CFPS 数据库样本覆盖 25 个省、自治区、直辖市，目标样本规模为 16000 户，调查对象包含样本家户中的全部家庭成员，调查范围包括经济活动、教育成果、家庭关系与家庭动态、人口迁移、健康等在内的诸多研究主题，是一项全国性、大规模、多学科的社会跟踪调查项目。该调查项目首先于 2008～2009 年在北京、上海、广东三地分别开展，进行了初访与追访的测试调查，并于 2010 年正式开展访问。经 2010 年基线调查界定出来的所有基线家庭成员及其今后的血缘/领养子女将被作为 CFPS 的基因成员，成为永

① C. D. Carroll, M. Otsuka, J. Slacalek. How Large Are Housing and Financial Wealth Effects? A New Approach[J]. *Journal of Money, Credit and Banking*, 2011, 43(1): 55-79.

久追踪对象,保证了家庭调查数据的连续性。CFPS 数据库在提供有关家庭收入和消费等 2010 年和 2012 年的调查数据时,提供了经过调整后的 2012 年数据,即 2012 年相关调查数据与 2010 年的调查口径保持一致,以便使两年的数据具有可比性。CFPS 提供了家庭经济库、成人库和家庭关系库等多个数据库,对家庭拥有的资产、负债、收入、消费和家庭成员都有详细的调查数据,便于进行实证分析。本章使用的数据如无特殊说明,均来自 CFPS已经公布并更新后的 2010 年和 2012 年家庭追踪调查数据。

为了找到更具普遍性的规律,本研究将年可支配收入低于 1000 元的家庭样本数据剔除,并将家庭年消费水平超过 20 万元且消费支出大于两倍的可支配收入的家庭也剔除出样本。剔除极端值和缺失值之后的城镇家庭样本共有 4378 户。

在各变量的选取中,考虑到与 CFPS 数据库的可得数据相结合,对具体变量的说明如下:

1. 消费水平与可支配收入

根据本章所要分析的家庭财富对居民消费水平的影响,首先选取居民消费水平变量。CFPS 数据库中提供了居民家庭的消费性支出,包括食品支出、衣着支出、居住支出、家庭设备及日用品支出、医疗保健支出、交通通信支出、文教娱乐支出和其他消费性支出等。

以上消费性支出是在家庭层面上,而对应的可支配收入①则

① 由于数据库在收入数据汇总时没有区分城镇和农村,因此统一使用“纯收入”字眼。本研究仅考察城镇居民消费行为,根据国家统计局的说法,认为此处的纯收入即为城镇居民的可支配收入。

是家庭人均可支配收入①,因此在处理数据时通过人均可支配收入和家庭规模计算得出家庭的总可支配收入。

2.家庭总资产和净资产

在资产变量选择方面,家庭总资产主要包括家庭住房总资产、金融总资产和生产性固定资产等。家庭净资产是由家庭总资产减去总负债得到的,其中总负债主要包括住房贷款和金融负债。

3.住房资产

家庭的住房资产分为现住房和非现住房产,一般认为一套房产家庭只有用于自住的现住房;多套房产家庭除了现住房以外,还拥有其他房产。

4.金融资产

金融资产主要包括现金和存款总额、政府债券、股票、基金、金融衍生品和其他金融产品。模型中考察的住房净资产是由住房总资产减去总房贷得到的,同理,金融净资产由金融总资产减去金融负债得到。

5.生产性固定资产

选取生产性固定资产借鉴了CFPS数据库的相关指标,包括家庭生产经营者所拥有的,使用期限超过1年的房屋、建筑物、机器、机械、运输工具以及其他与生产、经营有关的设备、器具和工具等。

6.人力资本

在家庭的人力资本变量和家庭生命周期变量的选取上,首先考虑到在经济学的实证分析中,人力资本往往采用持有者的教育

---

① 人均可支配收入在2010年和2012年的统计口径中有所差别。为保证数据的可比性,2012年的数据选择调整后的可比人均可支配收入。

人力资本和健康人力资本表示，其中，最常用的研究方法就是用受教育程度作为人力资本的代理变量。结合户主对家庭消费决策的影响，在选择人力资本代理变量时用户主的受教育程度作为家庭教育人力资本的指标。

根据已有文献研究，户主的受教育程度经常被用来作为家庭教育人力资本的代理指标，且家庭消费水平与户主的受教育程度具有一定的相关关系。表 5-1 展示了城镇居民家庭户主的受教育程度(从文盲到硕士)及对应的家庭平均消费水平，可以看到，随着户主受教育程度的提高，家庭消费水平的平均值呈现出规律递增的趋势。

表 5-1　　户主的受教育程度与家庭平均消费水平

户主的受教育程度	家庭平均消费水平(元)	样本数
文盲/半文盲	35561.89	2220
小学	38104.76	2068
初中	44247.4	3711
高中/中专/技校/职高	49329.43	2285
大专	60747.29	903
大学本科	69988.42	560
硕士	120560.1	33

数据来源：中国家庭追踪调查的 2012 年数据库。

由于 CFPS 数据库中没有对各家庭成员健康状况的直接调查数据，虽然有访员观察的参访者健康状况的变量，但笔者认为，直接观察不能完全反映出参访者的健康水平，因此本研究选取家庭的医疗支出作为健康状况的代理变量，也就是健康人力资本的衡量指标。无论家庭的收入和资产状况如何，医疗支出在消费支出中都具有一定的刚性，能够间接反映出家庭的健康人力资本水平。因此，可以认为医疗支出的水平越低，家庭成员的健康状况越好。

7. 家庭所处的生命周期阶段

笔者借鉴相关研究，选取户主年龄及其平方项作为家庭所处的生命周期阶段的代理变量。户主变量选取的是对家庭财务情况最熟悉的人，户主的年龄与消费偏好直接相关，并且对整个家庭的消费决策具有较大的影响。

对各主要变量的描述性统计如表 5-2 所示。

表 5-2　　对主要变量的描述性统计

变量名	变量含义	均值	标准差	最小值	最大值
$\ln C_{12}$	2012 年家庭消费对数值	10.36	0.79	6.91	13.45
$\ln y_{12}$	2012 年家庭可支配收入对数值	10.35	1.09	6.91	14.93
$\ln asset$	家庭总资产对数值	12.34	1.52	3	17.34
$\ln netasset$	家庭净资产对数值	12.11	2.22	0	17.34
$\ln housing$	家庭现住房价值对数值	10.34	4.54	0	16.81
$\ln otherhousing$	家庭非现住房产价值对数值	2.09	4.68	0	17.14
$\ln nethousing$	家庭净房产对数值	10.31	4.55	0	16.81
$\ln finasset$	家庭金融资产对数值	9.33	2.05	0.69	15.3
$\ln netfinasset$	家庭净金融资产对数值	8.22	3.82	0	15.3
$\ln fixasset$	家庭生产性固定资产对数值	1.82	3.77	0	16.12
age	户主年龄	50.69	14	16	92
edu	户主受教育程度	2.94	1.4	1	7
$\ln med$	家庭医疗支出对数值	6.64	2.6	0	11.92

注：户主受教育程度的取值为 1～8，分别代表文盲/半文盲、小学、初中、高中/中专/技校/职高、大专、大学本科、硕士和博士，为截至调查时已经获得的学历。

表 5-2 中的经济变量都已经经过了对数化处理，但仍然可以

看出各变量的分布趋势。2012年家庭收入对数值的平均值与消费对数相当，收入的分布明显比消费波动更大，可见消费对收入存在一定的平滑性。家庭现住房的价值均值超过家庭的收入和消费均值，这在一定程度上说明了家庭住房资产在家庭财富中的地位。家庭非现住房产价值的对数值均值明显小于现住房产的价值对数值，而家庭净房产对数的均值和家庭现住房对数值的均值相近，可以看出多数家庭只拥有一套房产，多套房产家庭所持有的非现住房产可能会产生更强的财富效应。家庭金融资产对数值均值明显低于现住房价值对数的均值，同时标准差比房产价值对数的标准差更小，表明金融资产在家庭之间的分布比房产的分布差距要小。家庭生产性固定资产对数的均值相对其他资产明显更小，这主要是由于生产性固定资产价值较高，但是在家庭之间分布差距较大，选取的4378户家庭中，拥有生产性固定资产的只有893户，持有率仅为20%，远小于住房资产和金融资产。户主的平均年龄为51岁，但是从标准差看，样本家庭在各个生命周期阶段中分布范围较广。从受教育程度均值来看，户主的平均受教育程度为初中水平，这可能与户主的年龄和出生年代背景有一定关系。家庭医疗支出对数作为衡量家庭健康状况的代理变量，其均值反映的是家庭成员的平均健康状况。

第二节　资产效应

一、理论分析和模型设定

（一）总资产

根据生命周期—持久收入理论，家庭总消费函数由收入和财富共同决定。家庭收入水平和总资产价值同时影响居民家庭的消费水平。基于以上介绍，本章对不同类型的家庭财富对居民消费水平的影响分别进行了分析。对于城镇居民家庭来说，家庭总资产主要包括住房资产、金融资产、生产性固定资产和耐用消费品等。其中，住房资产和金融资产是家庭总资产的重要组成部分。在样本家庭中，家庭的平均住房资产价值为45.80万元，而总资产的平均价值为59.32万元，住房资产在家庭资产中占有最大的份额。金融资产是家庭资产中流动性最强的部分，对缓解居民的流动性约束作用最强，也是影响居民消费行为的重要因素。

人力资本作为家庭重要的非物质资产，其积累状况对居民消费行为也具有一定影响。根据前文分析，本章考察的人力资本主要包括教育人力资本和健康人力资本两方面。衡量人力资本最主要的变量是受教育程度，其能够改变消费者的认知模式、风险偏好和消费观念，对消费行为可能具有一定的影响。健康状况也是人力资本的一项衡量指标，身体健康就可能为家庭带来更多的收入和财富；反之，不仅会降低收入水平，而且还会面临失业等风险并失去收入来源。健康状况差导致的医疗费用还可能对家庭消费具有挤出效应。因此，本研究选取受教育程度和健康状况作为家庭人力资本水平的代理变量。

另外，根据肖作平等的分析，家庭的住房投资及消费行为与年龄相关。[①] 本研究将户主年龄作为家庭所处生命周期阶段的代理变量，由于年龄对家庭消费的影响可能是非线性的，因此借鉴多数相关研究的做法，在此同时引入户主年龄及其平方项作为控制变量。考虑到家庭的消费水平、收入和资产价值等经济变量

---

① 参见肖作平、廖理、张欣哲：《生命周期、人力资本与家庭房产投资消费的关系——来自全国调查数据的经验证据》，载《中国工业经济》2011年第11期。

可能会造成异方差和非线性的问题，故在模型中将这些变量进行对数化处理，也就是采用这些变量的自然对数形式①，相应的变量名称即为原变量名前加上“ln”。由以上分析结合本研究所使用的数据，可以得到如下的家庭总资产对消费水平的影响模型：

$$\ln C_{12i} = \alpha_i + \beta_1 \ln y_{12i} + \beta_2 \ln asset_i + \beta_3 age_i + \beta_4 age_i^2 + \beta_5 edu_i + \beta_6 \ln med_i + \varepsilon_i \tag{5-1}$$

式中，c_{12} 表示 2012 年调查得到的居民家庭的消费水平；y_{12} 表示居民家庭的可支配收入；*asset* 表示家庭拥有的总资产价格；*age* 表示户主年龄，也代表家庭所处的生命周期阶段；*edu* 表示户主的受教育程度，用于衡量家庭的教育人力资本；*med* 表示家庭的医疗支出，由于家庭成员的健康状况较难直接和客观地获取，因此选取家庭的医疗支出作为家庭成员健康状况的代理变量，一般认为二者成负相关关系，即医疗支出水平越低，居民的健康状况越好。

（二）净资产

由前文分析可知，家庭资产水平与负债水平具有相关关系，二者同时受到家庭的收入水平、受教育水平及认知模式、所处生命周期的阶段和其他不可直接观测因素的影响。家庭净资产由家庭总资产减去家庭总负债得到，扣除负债之后的净资产水平能够更加真实地反映家庭实际持有的资产配置情况，因此本研究不仅分析了总资产对居民消费水平的影响，而且还对家庭净资产对消费的作用进行了考察，模型如下：

---

① 如果家庭中有某些经济变量的值小于 1，无法进行对数化，则在处理时使用公式 $\ln x = \log(1+x)$ 将其转化。

$$\ln C_{12i} = \alpha_i + \beta_1 \ln y_{12i} + \beta_2 \ln netasset_i + \beta_3 age_i + \beta_4 age_i^2 + \beta_5 edu_i + \beta_6 \ln med_i + \varepsilon_i \tag{5-2}$$

式中，*netasset* 表示家庭净资产，由家庭总资产中扣除家庭所有的房贷及非房贷的金融负债后得到，其余项含义同上。

（三）拥有房产数量

住房资产是占比最大的家庭资产，住房资产的数量对家庭资产有直接的影响，从而可能对居民的消费水平产生一定的影响。对于只有唯一一套住房的家庭来说，房地产价格上涨对家庭消费水平和效应不会产生影响，因为他们的房产是生活必需品，无论房地产价格如何上涨，都不会为了获取更高的消费水平而出卖自己的房产，住进条件更差的住房中，因此他们的房产不具备投资品特性。但是，拥有两套及两套以上房产（以下称“多套房产”）的家庭对住房可能会表现出一定的投资性需求，因此有必要将拥有一套房产和多套房产的家庭的各项资产持有和居民消费水平的关系分别进行检验。不同的资产配置状况和资产水平对居民消费行为的影响可能不同，其资产的边际消费倾向能够反映出家庭资产持有对消费水平的影响。对拥有一套房产和多套房产的家庭的资产和消费水平构建模型如下：

$$\ln C_{12i} = \alpha_i + \beta_1 \ln y_{12i} + \beta_2 \ln housing_i + \beta_3 \ln finasset_i + \beta_4 \ln fixasset_i + \beta_5 age_i + \beta_6 age_i^2 + \beta_7 edu_i + \beta_8 \ln med_i + \varepsilon_i \tag{5-3a}$$

$$\ln C_{12i} = \alpha_i + \beta_1 \ln y_{12i} + \beta_2 \ln nethousing_i + \beta_3 \ln netfinasset_i + \beta_4 \ln fixasset_i + \beta_5 age_i + \beta_6 age_i^2 + \beta_7 edu_i + \beta_8 \ln med_i + \varepsilon_i \tag{5-3b}$$

$$\ln C_{12i} = \alpha_i + \beta_1 \ln y_{12i} + \beta_2 \ln housing_i + \beta_3 \ln otherhousing_i + \beta_4 \ln finasset_i + \beta_5 \ln fixasset_i + \beta_6 age_i + \beta_7 age_i^2 + \beta_8 edu_i + \beta_9 \ln med_i + \varepsilon_i \tag{5-4a}$$

$$\ln C_{12i} = \alpha_i + \beta_1 \ln y_{12i} + \beta_2 \ln nethousing_i + \beta_3 \ln otherhousing_i + \beta_4 \ln netfinasset_i + \beta_5 \ln fixasset_i + \beta_6 age_i + \beta_7 age_i^2 + \beta_8 edu_i + \beta_9 \ln med_i + \varepsilon_i \tag{5-4b}$$

模型 5-3a 和 5-3b 主要考察拥有一套房产的家庭各项资产的边际消费倾向，模型 5-4a 和 5-4b 主要考察拥有多套房产的家庭各项资产的边际消费倾向。式中，$\ln housing$ 表示家庭现在所居住的房产的价格对数；$\ln otherhousing$ 表示拥有多套房产的家庭除了现住房产之外的非现住房产的价格总和的对数，两组模型的区别在于后两个模型加入了多套房产家庭除了现住房之外的非现住房产的价值；$finasset$ 表示家庭拥有的总金融资产，其系数的经济含义是金融资产的边际消费倾向。为了观察各家庭资产的实际拥有量，也就是资产净值对居民消费水平的影响，模型 5-3b和 5-4b 分别考察了一套房产和多套房产家庭的住房净资产和金融净资产对消费水平的影响。人力资本和家庭所处生命周期阶段的代理指标与前述模型一致。

二、实证结果及分析

(一)总资产和净资产

基于以上数据和模型，接下来分别对家庭财富对消费水平的影响进行实证检验。表 5-3 列出了家庭总资产、净资产和人力资本对居民消费水平的影响。

表 5-3　　家庭总资产、净资产和人力资本对消费的影响

	模型 5-1	模型 5-2
	$\ln C_{12}$	$\ln C_{12}$
$\ln y_{12}$	0.2*** (21.05)	0.24*** (24.54)
ln*asset*	0.13*** (18.92)	
age	0.0012 (0.29)	0.0033 (0.74)
age^2	−0.0001** (−2.50)	−0.0001*** (−2.96)
edu	0.07*** (9.38)	0.08*** (10.90)
ln*med*	0.07*** (19.03)	0.07*** (19.19)
ln*netasset*		0.05*** (11.13)
常数项	6.2*** (42.33)	6.74*** (46.21)
样本数	4378	4378
R^2	0.37	0.34

模型 5-1 主要检验了家庭总资产、人力资本对消费水平的影响，模型 5-2 将家庭总资产替换为家庭净资产，重点考察了家庭实际拥有的资产水平对消费的影响。可见，家庭可支配收入对消费具有显著且较为稳定的影响，收入的边际消费倾向大概在0.22左右；在控制了净资产后，可支配收入对消费的影响程度有微小的增加。家庭总资产对消费的影响系数为 0.13，且非常显著；家庭净资产对消费的影响系数为 0.05，表示居民持有资产的总价值对消费具有明显的促进作用，这可能是由于资产总价值能够给居民带来更为直观的心理预期，持有资产的价值越高，形成的资产效应也越大，导致居民认为自己的财富水平越高，从而能够促进消费行为。家庭总资产的边际消费倾向明显小于可支配收入

的边际消费倾向，这是由于可支配收入可分为持久性收入和暂时性收入，其中持久性收入是可支配收入的重要组成部分，且居民对其具有稳定的预期，根据持久收入假说，持久性收入是消费的决定性因素，因此对消费的影响程度最大。家庭资产是财富存量，主要组成部分是住房资产，流动性很低，居民不会在一期或几期之内将其全部消费掉，而是在生命周期内平滑地将其分配到各个时期中，因此家庭资产对当期消费的影响比收入更小。

户主年龄作为家庭所处生命周期阶段的代理变量，对家庭消费的影响并不显著，而户主年龄平方项的系数在控制了家庭总资产和净资产后都显著为负，且大小相当，表明户主年龄对消费的影响不是线性的。随着户主年龄的增加，家庭消费水平呈现缓慢下降的趋势，这与生命周期假说不符。

代表家庭人力资本水平的户主受教育程度和家庭医疗支出对数项系数都通过了1%的显著性检验，表示人力资本作为家庭财富的一种，对消费水平有着显著的影响。户主的学历水平每提高一级，家庭消费水平就增加7%，原因可能是接受更多的教育可以改变人的认知模式，更容易接受西方先进的借贷消费观念等。家庭的医疗支出作为衡量成员健康水平的代理变量，对消费的影响显著为正，说明家庭成员身体健康将会减少家庭的消费支出，尤其是医疗方面的支出。因此，就人力资本对家庭消费的影响来看，受教育程度和健康状况的影响程度不同，如果不加以区分，可能造成人力资本对消费的影响被抵消或弱化。

（二）拥有房产数量

根据前文分析，家庭总资产和净资产对消费水平的影响机制可能不同。本研究将家庭资产按类别分为住房资产、金融资产和生产性固定资产等。考虑到住房资产在家庭资产中占比最大，本研究对一套房产和多套房产家庭的消费行为分别进行了检验，将住房总资产与净资产、金融总资产与净资产对家庭消费的影响也分别进行了检验，结果如表 5-4 所示。

表 5-4　　分类家庭资产对消费的影响

	模型 5-3a	模型 5-3b	模型 5-4a	模型 5-4b
	$\ln C_{12}$	$\ln C_{12}$	$\ln C_{12}$	$\ln C_{12}$
$\ln y_{12}$	0.22*** (20.81)	0.25*** (23.55)	0.19*** (7.76)	0.2*** (8.17)
ln*housing*	0.004* (1.81)		0.005 (1.12)	
ln*otherhousing*			0.09*** (5.39)	0.11*** (6.92)
ln*finasset*	0.07*** (13.00)		0.09*** (6.69)	
ln*fixasset*	0.008*** (2.74)	0.011*** (3.68)	0.019*** (3.66)	0.022*** (4.22)
age	0.0035 (0.76)	0.0038 (0.81)	0.0045 (0.44)	0.002 (0.19)
age^2	−0.0001*** (−2.73)	−0.0001*** (−2.72)	−0.0001 (−1.37)	−0.0001 (−1.11)
edu	0.06*** (6.98)	0.08*** (9.08)	0.07*** (3.95)	0.09*** (4.94)
ln*med*	0.07*** (17.06)	0.07*** (17.05)	0.07*** (7.79)	0.07*** (7.85)
ln*nethousing*		0.005* (1.93)		0.007 (1.60)
ln*netfinasset*		0.014*** (4.84)		0.017*** (2.84)
常数项	6.87*** (43.48)	7.05*** (43.96)	5.95*** (16.82)	6.21*** (17.25)
样本数	3637	3637	741	741
R^2	0.37	0.34	0.33	0.3

模型 5-3a 和 5-3b 的样本是只有一套房产的家庭，共有 3637 户；模型 5-4a 和 5-4b 的样本是拥有多套房产的家庭，共有 741

户。这两组模型唯一的区别就是有无非现住房产价值的对数 ln*otherhousing*。从回归结果来看,家庭可支配收入对消费水平的影响系数与考察家庭总资产和净资产时的系数大致相当,收入的边际消费倾向一般高于 0.2。但是对拥有多套房产的家庭来说,收入的边际消费倾向总是低于只有一套房产的家庭,这可能是由于家庭的住房资产水平较高,“平滑”地分布在生命周期中可以提高居民的消费水平。这种资产的边际消费倾向的上升在一定程度上降低了居民消费对收入水平的依赖程度。而只有一套房产的家庭资产水平整体偏低,消费主要依赖于其收入水平,因此其收入的边际消费倾向更高。

对比两组模型的现住房产价值的影响系数可以看出,家庭拥有房产数量的不同导致家庭对现住房价值的边际消费倾向有一定差异。拥有一套住房的家庭,其现住房(也就是唯一的房产)有一定的资产效应,但是仅在 10%的显著性水平下通过检验,而且对消费的影响系数仅为 0.004,远小于其他各项家庭资产,因此一套住房家庭的住房资产效应非常微弱,这与现实相符,因为只有一套房产的家庭将住房作为必需的消费品而不具备投资品的属性,即使住房价格快速上涨,居民也不会为了提高消费水平而出卖住房,并换住到条件更差的房子中。多套房产家庭其现住房价值对消费水平的影响也非常小,系数为 0.005,且不显著,说明多套房产家庭的现住房产与一套房产家庭的房产同属于长期消费品性质,其价值对居民消费水平的影响微弱。

两组家庭的金融资产对消费的影响系数分别为 0.07 和 0.09,且都非常显著,说明作为家庭资产中流动性最强的部分,与住房资产对家庭消费水平的影响机制不同,金融资产对消费的影响与住房资产大小关联不大。多套房产家庭的金融资产对消费的影响略高于一套房产家庭，这可能是由于住房资产的资产效应增强了家庭应对未来不确定性的能力所致；而只有一套房产的家庭固定资产水平相对较低，主要利用可支配收入进行当期消费，消费行为表现出一定的谨慎动机，因而金融资产的资产效应相较于拥有多套房产的家庭更小。

生产性固定资产对两组家庭消费的影响小于可支配收入和金融资产，但影响程度仍然高于家庭现住房产的价值，并且十分显著，这与李涛、陈斌开的研究结论一致[①]，也从侧面说明家庭的现住房产不具有投资品的性质。对比两组回归结果，多套房产家庭的生产性固定资产价值仍然比一套房产家庭拥有更强的资产效应，可见拥有房产较多的家庭对资产的依赖程度更高，其资产水平对消费的促进作用更大。

两组模型的区别变量，即家庭非现住房产的价值对消费的影响非常显著，且影响程度明显高于家庭现住房和生产性固定资产，与金融资产对家庭消费的影响程度相当，这表明家庭的非现住房产具有较强的资产效应，在房价上涨的情况下能够使居民感觉到更加富有，从而促进家庭消费水平的提高。

模型 5-3b 和 5-4b 作为对比，主要考察了住房净资产和金融净资产对消费影响程度在不同家庭资产中的相对大小。从回归结果看，家庭净房产的资产效应相比于总房产有微弱的增强。多套房家庭的净房产对消费的促进作用比总房产略有提高，但是并不显著。对于一套房家庭和多套房家庭来说，金融净资产对居民消费水平都有显著的正向作用，但是这种正向作用比金融资产小得多，也就是说居民看重拥有的金融资产总值，金融负债对家庭消费的

① 参见李涛、陈斌开：《家庭固定资产、财富效应与居民消费：来自中国城镇家庭的经验证据》，载《经济研究》2014 年第 3 期。

抑制作用并不强。金融资产仍是可支配收入之外对居民消费水平影响最大的经济因素，也是家庭资产中资产效应最强的资产。

户主年龄在两组模型中仍然都不显著，但是户主年龄的平方项对只有一套房产的家庭具有显著的负向影响，这再次表明户主年龄对消费的影响是非线性的。户主年龄对于一套房产家庭和多套房产家庭的消费影响有明显的差异，一套房产家庭的消费水平显著受户主年龄的(非线性)影响，随着户主年龄的增加，消费水平呈缓慢增长趋势，这与总资产模型中的结果一致。而多套房产家庭的消费受户主年龄的影响并不显著，这表明住房资产的资产效应能够带给居民一定的稳定财富预期，能够使居民在物价上涨的经济环境中有一种“安全感”，从而对家庭所处的生命周期阶段相对不敏感。

作为人力资本代理变量的受教育程度和家庭医疗支出，对所有家庭的消费水平都表现出了显著的影响，且均达到了1%的显著性水平。对比两组模型的实证结果可以看出，户主受教育程度在多套房产家庭中对消费的促进作用稍大于一套房产家庭，这和各项家庭资产对消费的作用在两种家庭中的关系是一致的，也就是说教育人力资本在拥有不同房产数量的家庭中对消费具有类似资产效应的促进作用。而家庭医疗支出在两组家庭中对消费的影响大致相当，说明为了维持健康状况的支出在居民消费中具有一定的刚性，健康人力资本对消费的抑制作用在所有家庭中均具有同质性。

综合来看，可支配收入对居民消费水平的影响最大，边际消费倾向远高于各项家庭资产。在家庭资产中，流动性较强的金融资产边际消费倾向较高，其余资产对消费水平的影响按照非现住房产、生产性固定资产和现住房产的顺序依次递减。其中，现住房产对于一套房产家庭和多套房产家庭的资产效应都十分微弱，表现出长期消费品性质，不具备投资品的属性。家庭净资产与总资产对消费的影响程度差别较小。比较家庭拥有的房产数量发现，只有一套房产的家庭消费水平主要受到可支配收入的影响，其他各项家庭资产对消费的影响程度相对较小。多套住房家庭的消费也主要受到可支配收入的影响，但是其他各项家庭资产对消费的影响程度都大于一套住房家庭，表现出了较强的资产效应。

根据前文分析，住房资产是家庭资产中最重要的组成部分，表 5-5 比较了拥有不同房产数量家庭的总资产和净资产均值，发现多套住房家庭的资产总值和净值平均值都明显高于一套住房家庭，结合实证结果，验证了资产效应在居民消费中的作用，即在资产水平达到一定规模的时候，资产效应会逐渐增强。

表 5-5　　不同房产数量家庭的资产比较　　(单位:万元)

家庭类别	总资产	净资产	样本数
一套房产家庭	41.29	40.11	3637
多套房产家庭	128.07	122.32	741

注:数据由中国家庭追踪调查 2012 年的调查数据整理得出。

在人力资本方面，户主受教育程度对不同类型家庭的消费水平均有显著的正向影响，这验证了提高教育水平可以改变认知模式和消费观念。户主的受教育程度对消费的影响与家庭流动性较强的金融资产相当，表明以教育人力资本为代表的人力资本对于家庭消费具有重要作用。家庭医疗支出作为家庭成员健康状况的代理变量，对消费同样具有显著影响，且影响程度不受家庭资产水平的影响，说明健康状况对消费的影响较为独立，健康人力资本对居民消费行为的影响也较为稳定。

第三节 财富效应

一、理论分析与模型设定

在研究家庭资产对居民消费水平影响作用的同时，应注意到居民家庭资产持有和资产价格变化之间的关系。家庭资产水平和居民消费可能同时受到一些不可直接观测的特征因素的影响，比如家庭成员的能力与习惯偏好等因素和受到周围收入阶层消费行为的影响等，这将导致直接研究资产价格水平对居民消费的影响出现内生性。另外，居民对资产价格的预期也会影响资产价格变动对消费水平的影响程度，预期的作用使得资产价格的边际消费倾向不是固定的。

对于这些问题，本章借鉴哈尔①提出的随机游走假说中理性预期的研究思路，认为滞后一期的消费水平包含了所有影响居民未来边际效用的信息，如居民的能力、习惯偏好和预期等。因此，为了考察家庭资产价格水平变动对居民消费水平变动的影响，即居民家庭资产的财富效应，本章在模型中引入了滞后一期②的居民消费作为当期消费的解释变量，这样就可以将不可直接观测的

---

① R. E. Hall. Stochastic Implications of the Life Cycle-Permanent Income Hypothesis: Theory and Evidence[J]. *Journal of Political Economy*, 1978, 86(6): 671-697.

② 本研究使用数据的年份较少，滞后期的消费只能选取滞后一期而没有更多期的消费数据。但是滞后一期的消费已经包含了能力等相关因素，而且相比于滞后更多期的消费，对当期消费水平的解释力度最强，因此本研究认为选取滞后一期消费作为解释变量是合理的。

能力差别和预期等因素分离出来。

根据以上分析，财富效应是指居民持有资产的价格发生变动时给居民消费水平造成的影响，而资产效应则更适用于居民持有资产的价值对消费水平产生的影响。近年来我国物价水平快速上涨，2007 年、2008 年城镇居民消费价格指数同比分别上涨 4.8%、5.9%，之后物价水平上涨速度虽有所放缓，但居民已经提高了对通货膨胀的预期，从而倾向于降低持有流动性较强的金融资产的意愿，转为持有更可能保值增值的固定资产。在这种情况下，居民通过持有资产，在心理上会认为自己更加富有，因此有必要区分资产效应和财富效应对居民消费行为的影响。本研究借鉴李涛、陈斌开提出的“资产效应”这一概念来描述居民持有资产的价值对消费水平的影响。① 在高物价水平的预期下，居民对持有资产的价值更为敏感，相比之下对资产价格波动的敏感程度可能较低，也就是说居民的资产效应可能比财富效应更强。

基于以上分析，在模型中引入滞后一期消费水平以分别检验居民总资产和净资产的财富效应，建立模型如下：

$$\ln C_{12i} = \alpha_i + \beta_1 \ln c_{10i} + \beta_2 \ln y_{12i} + \beta_3 \ln asset_i + \beta_4 age_i + \beta_5 age_i^2 + \beta_6 edu_i + \beta_7 \ln med_i + \varepsilon_i \tag{5-5}$$

$$\ln C_{12i} = \alpha_i + \beta_1 \ln c_{10i} + \beta_2 \ln y_{12i} + \beta_3 \ln netasset_i + \beta_4 age_i + \beta_5 age_i^2 + \beta_6 edu_i + \beta_7 \ln med_i + \varepsilon_i \tag{5-6}$$

式中，C_{10} 表示 2010 年的居民家庭消费水平，在此引入已有

① 参见陈斌开、李涛：《中国城镇居民家庭资产—负债现状与成因研究》，载《经济研究》2011 年第 S1 期。

数据中的上期消费[1]控制居民已获取的信息因素，控制居民家庭中一些不可直接观测的因素和居民的预期对当期消费造成的影响。其他变量与前述模型一致。引入了上期消费后，模型各变量的含义都发生了相应的变化，各变量的系数不再代表相应变量的边际消费倾向，而是当期新增信息对居民消费的影响，因为之前已经获得的信息和居民的预期已经全部在上期消费中反映出来了。通过对模型作这样的改动，将资产效应与财富效应区别开，即资产效应是居民持有资产的价值对消费水平的影响，财富效应是居民资产的价格变动对消费水平造成的影响。

另外，笔者注意到户主年龄对家庭消费具有非线性的影响，特在以下模型中直接分析了户主年龄的平方项对消费的影响作用。相应地，建立模型考察拥有一套住房和多套住房的家庭对其持有资产的财富效应如下：

$$\ln C_{12i} = \alpha_i + \beta_1 \ln c_{10i} + \beta_2 \ln y_{12i} + \beta_3 \ln housing_i + \beta_4 \ln finasset_i + \beta_5 \ln fixasset_i + \beta_6 age_i^2 + \beta_7 edu_i + \beta_8 \ln med_i + \varepsilon_i \tag{5-7a}$$

$$\ln C_{12i} = \alpha_i + \beta_1 \ln c_{10i} + \beta_2 \ln y_{12i} + \beta_3 \ln nethousing_i + \beta_4 \ln netfinasset_i + \beta_5 \ln fixasset_i + \beta_6 age_i^2 + \beta_7 edu_i + \beta_8 \ln med_i + \varepsilon_i \tag{5-7b}$$

$$\ln C_{12i} = \alpha_i + \beta_1 \ln c_{10i} + \beta_2 \ln y_{12i} + \beta_3 \ln housing_i + \beta_4 \ln finasset_i + \beta_5 \ln fixasset_i + \beta_6 \ln otherhousing_i + \beta_7 age_i^2 + \beta_8 edu_i + \beta_9 \ln med_i + \varepsilon_i \tag{5-8a}$$

---

① 由于数据库中没有 2011 年的数据，故本研究使用 2010 年的数据作为上期数据。

$$\ln c_{12i} = \alpha_i + \beta_1 \ln c_{10i} ++ \beta_2 \ln y_{12i} + \beta_3 \ln nethousing_i + \beta_4 \ln netfinasset_i + \beta_5 \ln fixasset_i + \beta_6 \ln otherhousing_i + \beta_7 age_i^2 + \beta_8 edu_i + \beta_9 \ln med_i + \varepsilon_i \quad (5\text{-}8b)$$

模型 5-7a 和 5-7b 主要考察拥有一套房产的家庭各项资产的财富效应，模型 5-8a 和 5-8b 主要考察拥有多套房产的家庭各项资产的财富效应。模型 5-7a、5-7b、5-8a、5-8b 与模型 5-3a、5-3b、5-4a、5-4b 的主要区别是引入了前一期消费的对数 $\ln C_{10}$。与前述模型一致，模型 5-7b 和 5-8b 作为对比，主要考察住房净资产和金融净资产对消费的影响变化。

根据前文分析，地区的性别比失衡可能导致有未婚子女的家庭减少消费，提高储蓄水平。考虑到计划生育政策的实施情况和为了方便对比，本研究选取家庭中有 1～2 个子女的样本，对家中是否有未婚子女及其对家庭资产和消费水平的影响进行了实证检验，建立模型如下：

$$\ln C_{12i} = \alpha_i + \beta_1 \ln c_{10i} + \beta_2 \ln y_{12i} + \beta_3 \ln housing_i + \beta_4 \ln finasset_i + \beta_5 \ln fixasset_i + \beta_6 u_{1i} + \beta_7 u_{2i} + \beta_8 u_1 y_i + \beta_9 u_2 y_i + \beta_{10} u_1 h_i + \beta_{11} u_2 h_i + \beta_{12} age_i^2 + \beta_{13} edu_i + \beta_{14} \ln med_i + \varepsilon_i \quad (5\text{-}9)$$

$$\ln c_{12i} = \alpha_i + \beta_1 \ln c_{10i} ++ \beta_2 \ln y_{12i} + \beta_3 \ln housing_i + \beta_4 \ln finasset_i + \beta_5 \ln fixasset_i + \beta_6 \ln otherhousing_i + \beta_7 u_{1i} + \beta_8 u_{2i} + \beta_9 u_1 y_i + \beta_{10} u_2 y_i + \beta_{11} u_1 h_i + \beta_{12} u_2 h_i + \beta_{13} u_1 oh_i + \beta_{14} u_2 oh_i + \beta_{15} age_i^2 + \beta_{16} edu_i + \beta_{17} \ln med_i + \varepsilon_i \quad (5\text{-}10)$$

式中，u_1 和 u_2 是虚拟变量，分别代表家庭中是否有未婚子女：u_1 表示家庭子女是否有未婚男性，如果有，u_1 取 1，否则为 0；u_2 表示家庭子女是否有未婚女性，如果有，u_2 取 1，否则为 0。$u_1 y$

和 u_2y 表示是否有未婚子女的虚拟变量和家庭可支配收入对数的交互项，如果其符号为正，表示家庭中有未婚子女使得家庭将更多的收入用于消费。u_1h 和 u_2h 表示是否有未婚子女的虚拟变量和家庭现住房产对数的交互项，如果其符号为正，表示现住房价格上涨会使有未婚子女的家庭感到更加富有，对其消费有促进作用。u_1oh 和 u_2oh 表示是否有未婚子女的虚拟变量和家庭非现住房产对数的交互项，如果其符号为正，表示非现住房价格上涨时有未婚子女的家庭会提高消费水平。

二、实证结果及分析

（一）总资产与净资产

表 5-6 列出了引入上期消费水平以后对居民资产财富效应的检验结果。[①] 观察回归结果可以看出，上期消费对当期消费有显著的正向影响，表明居民的消费行为总体受到消费习惯的影响。引入上期消费后，收入的边际消费倾向较之前有所降低，表示居民对收入增长有一定的预期，这部分预期使消费水平有稳定增长的趋势，因而降低了收入增长对消费的促进作用。

表 5-6　　总资产和净资产的财富效应

	模型 5-5	模型 5-6
	$\ln C_{12}$	$\ln C_{12}$
$\ln C_{10}$	0.22*** (15.94)	0.24*** (17.43)
$\ln y_{12}$	0.18*** (17.68)	0.2*** (19.99)
$\ln asset$	0.11*** (15.25)	

① 剔除了上期消费水平为空缺值的家庭后，共得到了 3908 个家庭样本。

续表

	模型 5-5	模型 5-6
	$\ln C_{12}$	$\ln C_{12}$
age^2	−0.0001*** (−13.95)	−0.0001*** (−14.18)
edu	0.03*** (3.20)	0.03*** (3.84)
$lnmed$	0.06*** (16.97)	0.07*** (17.00)
$\ln netasset$		0.04*** (9.00)
常数项	5.03*** (37.72)	5.38*** (40.60)
样本数	3908	3908
R^2	0.40	0.38

在引入上期消费之后，家庭总资产对消费的影响系数从0.13降为0.11，减少了0.02，表明总资产的财富效应比资产效应更小，也就是说相比于持有资产的价格变动，居民的消费水平对家庭资产价值更加敏感，这与本研究的理论分析一致。同样，家庭净资产对消费的影响系数也从0.05下降为0.04，这个微小的变化也是家庭资产效应与财富效应大小的差值，也就是说在控制了居民的能力等不可直接观测的因素和预期之后，家庭净资产对消费的影响程度下降比总资产稍大。

在考察净资产对消费的影响时，户主年龄的平方项通过了10%的显著性水平检验。可见，户主年龄的平方项对家庭消费的影响仍然十分显著，并且影响程度较引入上期消费前有所增加，这反映出随着户主年龄的增加，家庭消费水平递减的趋势更加明显。

在人力资本方面，户主受教育程度对消费水平的影响仍然显著为正，但影响程度明显下降，说明上期消费中已经包含了一部分教育人力资本对消费的影响。但家庭人均医疗支出对消费水平的影响程度几乎不变，也充分说明了医疗支出在消费行为中具有一定的刚性，不易受到其他因素或信息的影响，对家庭消费的影响较为独立，也说明健康人力资本对消费的影响作用较为稳定。

（二）拥有房产数量

将样本家庭按照拥有房产数量的不同分为一套房产家庭和多套房产家庭，得到一套房产家庭 3249 户，多套房产家庭 659 户。按照模型 5-7a、5-7b、5-8a 和 5-8b 分别检验一套房产家庭和多套房产家庭各项资产的财富效应，实证结果如表 5-7 所示。

表 5-7　　　　不同房产数量家庭的财富效应

	模型 5-7a	模型 5-7b	模型 5-8a	模型 5-8b	模型 5-8c
	$\ln C_{12}$	$\ln C_{12}$	$\ln C_{12}$	$\ln C_{12}$	$\ln C_{12}$
$\ln C_{10}$	0.22*** (14.61)	0.25*** (16.29)	0.15*** (4.14)	0.18*** (4.84)	0.22*** (7.24)
$\ln y_{12}$	0.19*** (17.62)	0.21*** (19.51)	0.17*** (6.45)	0.18*** (6.76)	0.17*** (8.94)
$\ln housing$	0.005** (2.09)		0.005 (1.11)		0.003 (0.57)
$\ln otherhousing$			0.075*** (4.06)	0.093*** (5.00)	0.009** (1.99)
$\ln finasset$	0.056*** (9.65)		0.079*** (5.54)		0.054*** (4.26)
$\ln fixasset$	0.01*** (3.18)	0.012*** (3.94)	0.019*** (3.53)	0.022*** (4.00)	0.085*** (8.27)
age^2	−0.0001*** (−12.71)	−0.0001*** (−12.33)	−0.0001*** (−4.67)	−0.0001*** (−4.48)	−0.0001** (−2.53)
edu	0.018* (1.96)	0.029*** (3.07)	0.047** (2.37)	0.058*** (2.90)	0.021 (1.01)
$\ln med$	0.063*** (15.02)	0.063*** (14.87)	0.071*** (7.43)	0.073*** (7.52)	0.068*** (7.42)
$\ln nethousing$		0.006** (2.36)		0.008 (1.57)	
$\ln netfinasset$		0.008** (2.49)		0.012* (1.93)	

续表

	模型 5-7a	模型 5-7b	模型 5-8a	模型 5-8b	模型 5-8c
	$\ln C_{12}$	$\ln C_{12}$	$\ln C_{12}$	$\ln C_{12}$	$\ln C_{12}$
常数项	5.62*** (38.93)	5.6*** (38.11)	5.25*** (15.21)	5.27*** (14.90)	5.01*** (17.01)
样本数	3249	3249	659	659	801
R^2	0.37	0.35	0.42	0.4	0.46

模型 5-7a、5-7b、5-8a 和 5-8b 中，上期消费对当期消费的影响系数都十分显著，将二者进行比较可以看出，一套房产家庭上期消费对当期消费的影响明显大于多套房产家庭，前者的影响系数总是比后者多 7 个百分点，表明一套房产家庭的消费习惯强度明显大于多套房产家庭，具有更强的消费惯性，这可能与一套房产家庭的消费支出中耐用消费品占比相对较低有关。

本研究对模型 5-7a、5-7b、5-8a 和 5-8b 的实证结果分析从横向和纵向两个方面展开：横向分析是指比较引入上期消费之后，拥有不同房产数量的家庭各项资产的财富效应大小；纵向分析是指将模型 5-7a、5-7b、5－8a 和 5-8b 的实证结果与引入上期消费之前的模型 5-3a、5-3b、5-4a 和 5-4b 进行比较，可以看出各项资产、人力资本及家庭所处的生命周期对消费的影响都发生了不同程度的变化。具体来看，一套住房家庭和多套住房家庭的可支配收入对数对消费的影响都下降了 2～4 个百分点，这验证了居民对收入增长有一定的预期，并将这种预期表现在各期消费中，从侧面反映了居民的平滑消费水平，以实现一生效用的最大化。横向比较模型 5-7a、5-7b、5-8a 和 5-8b 可支配收入对数的影响系数，发现一套房产家庭消费水平对收入的敏感程度比多套房产家庭更高，可见一套房产家庭的消费更加依赖收入水平，这在一定程度上验证了多套房产家庭的住房资产具有更强的财富效应，在房价上涨时使居民感到自己更加富有，能够促进居民消费水平的提高。

同时，进行横向和纵向比较也可以看出，拥有不同房产数量的两类家庭的现住房对消费水平的影响系数几乎没有变化，都在0.005左右，且多套住房家庭的现住房对消费的影响不显著。这说明一套住房家庭的住房资产对消费的促进作用很小，其资产效应和财富效应都非常微弱。多套住房家庭的现住房并没有表现出显著的资产效应或财富效应，这验证了现住房对居民家庭来说主要表现出长期消费品的属性。而多套房产家庭的非现住房产对家庭消费水平有明显的促进作用，表明住房资产作为家庭资产的重要组成部分，在物价水平上涨的经济背景下已成为良好的保值增值资产，表现出了投资品的属性。拥有非自住的房产能够给居民带来较强的财富效应，显著提高家庭消费水平。

纵向比较金融资产对消费的影响系数，可以发现两种类型家庭金融资产的财富效应均小于资产效应，居民的预期等因素在一定程度上影响了金融资产的边际消费倾向。横向进行比较，可以发现多套住房家庭金融资产的财富效应仍然大于一套住房家庭，金融资产对消费的影响系数分别为0.06和0.08。在拥有更多住房资产的情况下，居民消费对金融资产更具有敏感性。

纵向来看，家庭生产性固定资产对居民消费水平的影响微乎其微，也就是说对家庭消费的促进作用没有受到家庭成员能力或预期等不可直接观测的因素的影响。横向来看，两套房产家庭的生产性固定资产的财富效应稍大于一套房产家庭，这种家庭资产对消费的促进作用表现出了一定的稳定性。生产性固定资产主要由自我雇佣的家庭持有，居民对这种资产的回报率有明确且稳定的预期，因此其对消费的促进作用相对稳定。由于生产性固定资产的家庭持有率较低，总体分析其财富效应可能会造成结果偏小，故本研究选取样本中拥有生产性固定资产的家庭对该种资产的财富效应进行重新检验，结果如模型5-8c所示。可以看出，在这些家庭中，生产性固定资产的财富效应明显提高，其对消费的促进作用超过了金融资产和非现住房产。拥有生产性固定资产的家庭大多是自我雇佣家庭或从事生产经营活动的家庭，居民对生产活动的现金流具有相对稳定的预期，并倾向于将这部分收入用于消费。

横向比较户主年龄对家庭消费的影响可见，一套住房家庭的户主年龄对消费有程度微弱的促进，但检验表明这种影响是显著的；随着户主年龄的增加，家庭消费水平有一定程度的下降。引入上期消费后多套住房家庭的户主年龄对消费的影响仍是微弱的负向，但影响显著。纵向比较户主年龄平方项的系数可见，户主年龄对两类家庭（一套住房家庭和多套住房家庭）的消费有大致相当的负向影响，且非常显著，这表明随着户主年龄的增加，家庭消费水平将出现缓慢下降，储蓄水平相应上升，与生命周期假说不符合。在考虑了上期消费之后，无论拥有房产数量为一套还是多套，家庭所处的生命周期阶段对消费的影响程度和方向都是一致的。

比较住房和金融两项主要资产的总量与净值对消费的影响可以看到，住房净资产对家庭消费的影响程度与住房总资产相当。当前，贷款买房现象普遍存在，且贷款买房的居民对收入水平一般有着相对稳定的预期，房贷并没有对居民的消费行为造成大的负面影响。一套住房家庭的住房财富效应比较微弱，但是较为显著；多套住房家庭的财富效应也很小，而且不显著。同时我们应当注意到，多套房产家庭的非现住房产价值对消费的影响非常显著，且影响程度较大，系数为0.08～0.09。家庭拥有的非现住房产的财富效应远大于现住房产，甚至超过了金融资产，其已成为对消费影响最大的家庭资产。这表明，家庭非现住房资产的财富效应非常明显，持有多套房产的居民在心理上会认为自己更富有，尤其是在房价上涨时，非现住房产的持有能够有效地促进家庭消费。纵向对比来看，非现住房产的资产效应稍大于财富效应，这也说明家庭成员的一些不可直接观测因素或预期等影响了非现住房产对消费的促进作用，但影响较小。多套房产家庭的住房财富效应较强，可明显提高家庭的消费水平。

纵向比较人力资本对消费的影响程度可见，在引入了上期消费后，户主受教育程度对消费的作用出现了不同程度的下降，说明上期消费中已经包含了一部分家庭教育人力资本的信息，居民对于教育人力资本能够带来的财富增加有一定的预期，从而提高了消费水平。横向来看，多套住房家庭的教育人力资本对消费的促进作用明显大于一套住房家庭，一套住房家庭教育人力资本的影响系数为0.02～0.03，而多套住房家庭教育人力资本的影响系数为0.05～0.06。从医疗支出对数的回归结果看，医疗支出对消费的影响系数变化幅度很小，这再次验证了健康是居民的基本需求，维持健康的医疗支出在消费中有一定的刚性。在健康人力资本投入方面，多套住房家庭比一套住房家庭的投入稍多，但差别较小。多套住房家庭的人力资本，尤其是教育人力资本对消费的影响大于一套住房家庭，原因可能是一套住房家庭的消费水平主要依赖于可支配收入，消费行为表现出谨慎动机。由于一套住房家庭的资产中占比较大的住房资产价值比多套住房家庭低一些，缓解流动性约束的能力较差，因此各项资产对消费的影响相对较小。

(三)未婚子女

根据前文的分析，在性别比失衡严重的地区，城镇居民对性别比失衡的现实已有普遍认识，在家中有男孩出生时就会考虑到孩子成年后在婚姻方面面临的激烈竞争,这种预期时间跨度较长且相对稳定,因此不仅是有成年未婚男性的家庭,有未成年未婚男性的家庭(尤其是收入水平较低,或收入水平稳定但对收入增长预期不高的家庭)也可能会提前降低家庭消费水平,为将来在婚姻方面的竞争做准备。

接下来,本研究试图从财富效应的角度检验性别比造成的婚姻竞争性动机对有未婚子女的家庭以及所持有各项资产对家庭消费水平的影响。在性别比失衡的社会背景下,家庭中是否有未婚子女会对其资产和消费状态产生一定的特殊影响。为了便于对比,在接下来的实证过程中,笔者从已有样本中剔除了以下类型的家庭:没有子女,子女数量为 3 个及 3 个以上,子女婚姻状态不明的家庭,子女的婚姻状况为同居、离异或丧偶。剔除以上几种家庭后,共得到 3228 个家庭样本,其中一套房产家庭有 2643 户,多套房产家庭有 585 户。前文已经分析过净资产对消费的影响,此处不再多做验证。实证检验的结果如表 5-8 所示。

表 5-8　　未婚子女对家庭资产和消费的影响

	模型 5-9	模型 5-10
	$\ln C_{12}$	$\ln C_{12}$
$\ln C_{10}$	0.24*** (14.42)	0.16*** (3.87)
$\ln y_{12}$	0.23*** (11.38)	0.18*** (3.08)
$\ln housing$	0.001 (0.27)	0.01 (0.89)
$\ln otherhousing$		0.09*** (2.68)
$\ln finasset$	0.06*** (9.23)	0.08*** (5.23)
$\ln fixasset$	0.011*** (3.30)	0.017*** (3.01)
u_1	0.47* (1.92)	0.03 (0.05)

续表

	模型 5-9	模型 5-10
	$\ln C_{12}$	$\ln C_{12}$
u_2	0.72*** (2.86)	0.59 (0.90)
$u_1 y$	−0.048** (−2.07)	−0.01 (−0.16)
$u_2 y$	−0.067*** (−2.75)	0.012 (0.18)
$u_1 h$	0.002 (0.35)	−0.012 (−1.08)
$u_2 h$	0.001 (0.23)	0.003 (0.24)
$u_1 oh$		0.014 (0.35)
$u_2 oh$		−0.054 (−1.29)
age^2	−0.0001*** (−7.59)	−0.0001*** (−3.74)
edu	0.02** (1.98)	0.05** (2.49)
$\ln med$	0.06*** (13.27)	0.07*** (6.80)
常数项	5.03*** (22.02)	4.81*** (8.02)
样本数	2643	585
R^2	0.35	0.43

首先观察与家庭是否有未婚子女(u_1,u_2)有关的解释变量对家庭消费的影响。u_1 表示家庭中有未婚儿子,u_2 表示家庭中有未婚女儿。拥有房产数量不同的两类家庭在是否有未婚子女方面具有明显不同的消费行为,一套房产家庭的消费水平明显受到家庭中是否有未婚子女的影响,而多套房产家庭却几乎不受这种影响,这可能是由于家庭已经为未婚子女购置了房产,即家庭的非自住房产,使得其未婚子女在婚姻方面有相当的竞争力,从而使未婚子女对家庭消费未表现出抑制作用。而一套房产家庭中,

无论有未婚儿子还是未婚女儿，都会明显提高家庭的消费水平，这并不表明与笔者预期的结论相反，因为本研究选取未婚子女是所有处于未婚状态的子女，包括未成年子女。家庭中有未成年子女会明显提高家庭的消费支出，这一方面是因为未成年子女没有收入来源，另一方面是因为家庭抚养成本逐渐增加。比较发现，抚养子女的消费支出对一套住房家庭的消费影响较大。在有未婚子女的一套房产家庭中，有未婚女儿比有未婚儿子更能增加家庭消费水平，这可能是由于有未婚女儿的家庭对未来收入有更乐观的预期，且来自婚姻方面的压力较小，从而提高了消费水平。

笔者同时注意到，一套住房家庭是否有未婚子女与家庭收入的交叉项显著为负，这表明在家庭收入水平提高的情况下，有未婚子女的一套住房家庭仍然会减少消费，提高储蓄水平，这证明了有未婚子女的一套住房家庭对未来的消费预期较高，不管是为了当下的抚养支出还是未来提高子女在婚姻方面的竞争力，家庭都会选择减少当前消费支出，积累家庭财富。在多套房产家庭中，是否有未婚子女与家庭收入的交叉项也为负，但是有未婚子女对家庭消费的抑制作用并不显著，这可能是家庭已拥有非自住房产，在性别比失衡的环境中具有一定的竞争力，对未来买房等大额消费支出的预期相对较低，因而有未婚子女对当前家庭消费的影响较小。有未婚子女的一套房产家庭可能由于没有为子女买房而在其他方面增加支出来增加子女在婚姻方面的竞争力，或者是未婚子女年龄较小、家庭需要承担较大的抚养成本，增加了消费支出。

一套房产家庭和多套房产家庭的现住房价值与家中是否有未婚子女对家庭消费的影响很小且均不显著，这再次证明，无论家庭拥有几套房产，现住房总是表现出用于居住的必需消费品属性，家庭不会因为房价上涨或为子女买房而出卖现有住房。多套房产家庭的非现住房产价值与家中是否有未婚子女对消费水平的影响也很小且不显著，其中家庭中有未婚女儿的多套房产家庭消费受到了一定的抑制，但不显著。对比以上实证结果，可以认为家庭中是否有未婚子女与住房资产没有直接关系，家庭中有未婚子女能够直接促进家庭消费，影响的渠道主要是将家庭收入转化为消费支出，对家庭住房资产的影响不显著。

从回归结果中还可以看出，与考虑家庭是否有未婚子女之前相比，各项解释变量对消费的影响系数变化不大，这也证明了本研究实证结果的稳健性。具体来看，首先，上期消费对当期消费的影响在拥有不同房产数量的家庭中影响相当，一套房产家庭的消费相比于多套房产家庭明显更依赖于可支配收入，这是前者消费支出的主要来源。其次，就家庭资产情况来看，现住房产对两类家庭的消费都没有显著的影响，这表明现住房产不具备投资品的属性。家庭消费对金融资产的依赖程度相对于其他资产更高，且多套住房家庭更多地使用金融资产进行消费，而一套住房家庭对金融资产则抱有更谨慎的消费态度。生产性固定资产对家庭消费的影响较小但显著，影响程度相对稳定，不易受到其他因素的影响。对比多套房产家庭的非现住房产，非现住房产对多套房产家庭的消费具有显著的促进作用，表现出了明显的住房财富效应。尤其是在房价上涨的经济背景下，非现住房产的持有使居民认为自己更加富有，从而提高了家庭消费水平。

另外，家庭所处的生命周期阶段对家庭消费具有显著的负向影响，不过影响程度非常低，这验证了随着以户主年龄为代表的家庭生命周期的发展，家庭的消费水平缓慢下降，储蓄水平逐渐上升。

在人力资本方面，户主受教育程度代表的家庭教育人力资本对家庭消费表现出了显著的正向影响，尤其是对多套房产家庭消费水平的促进作用更强。而以医疗支出作为指标衡量的家庭健康人力资本对两类家庭消费的影响都较为稳定，表现出了这两类家庭对健康的刚性需求。

第四节 本章小结

本章使用CFPS的数据，在同一经验分析框架下对城镇居民家庭的实物、金融资产和人力资本对家庭消费水平的影响进行了详细的分析，同时考察了家庭中是否有未婚子女这一特殊因素对家庭资产和消费行为的影响。出于对家庭资产重要性的考虑，本研究考察了资产中的住房资产、金融资产和生产性固定资产，并按照拥有住房数量将样本家庭分为两类，分别对其消费影响因素进行了分析。考虑到家庭成员能力和预期等不可直接观测因素的影响，在实证检验中，引入上期消费水平解决了消费函数中家庭成员能力和预期等因素导致的内生性问题，合理区分了资产的资产效应与真实财富效应。其中，资产效应是指居民持有一定价值的家庭资产对消费产生的促进作用，财富效应则侧重于居民持有的资产价格变动，尤其是指资产价格上涨时对居民消费水平的促进作用。对于人力资本的衡量，本研究不仅检验了教育人力资本，而且还使用代理变量对健康人力资本对家庭消费水平的影响进行了检验。针对家庭资产的实证检验中，本章还区分了家庭总资产和净资产对消费的影响，以求能够分析家庭贷款负债对消费行为的影响。

通过比较家庭总资产和净资产对消费水平的影响程度可见，前者明显大于后者。总的来说，家庭各项财富的资产效应大于财富效应。具体地看，家庭资产中的现住房产对居民消费水平几乎没有影响，但是拥有多套房产家庭的非现住房产对家庭消费具有较强的资产效应和财富效应。金融资产对居民的消费水平有显著的影响，对多套房产家庭的影响程度大于一套房产家庭。生产性固定资产具有较强的资产效应和财富效应。人力资本对家庭消费具有显著的正向影响，其中健康人力资本对消费水平的影响非常稳定。一套房产家庭的消费水平还明显受到家中有未婚子女的影响，且有未婚子女对家庭消费的抑制作用主要通过提高收入中用于消费的部分来实现，而对于家庭资产，尤其是房产的财富效应影响则不显著。

第六章　不确定性、家庭财富与不同收入阶层城镇居民的储蓄率

由于产生预防性储蓄的根本原因是居民在生活中面临的不确定性，因此有必要对居民生活中的不确定性对居民储蓄率的影响进行分析。关于不确定性衡量指标的选取，一直是消费研究中的难点。西方预防性储蓄理论中，针对不确定性的研究主要集中在居民对未来收入的不确定性预期上。可以推测，这一方面是由于西方的消费理论建立在比较成熟的市场经济体系之上，另一方面是由于西方国家的社会保障制度相对完善，居民对未来支出的可预测性强。这与我国正处在制度变迁的过程中不同，在经济改革的大背景下，我国居民对未来收入和支出的预期都发生了很大的变化，已经有越来越多的学者开始关注收入和支出两方面的不确定性对研究居民消费和储蓄行为的重要性。整理已有文献可以发现，国内多数学者主要将不确定性对预防性储蓄的影响分析放在未来收入的不确定性上，相比之下，居民对消费支出预期的改变对其消费行为带来的影响则较少受到关注。

基于此，本章意在对居民收入和支出不确定性对不同收入阶层的城镇居民家庭储蓄率的影响分别加以分析。衡量不确定性

的指标借鉴易行健和袁冬梅等提出的方法①②，即运用可支配收入增长率的平方作为收入不确定性的衡量指标，相应地，用消费增长率的平方描述支出不确定性。这种方法在对居民面临的不确定性的实证研究中应用最为广泛，现实中人们未来的收入和消费水平都是不确定的，但是人们倾向于通过已经掌握的有关信息来预测未来的收入和消费水平，因此收入和消费增长率的平方能够有效反映收入和消费的变化情况。

除了收入和支出的不确定性，各个收入阶层的城镇居民家庭消费和储蓄行为还受到很多其他因素的影响。根据前文的讨论和分析，从居民家庭消费者的视角出发，将家庭可支配收入、家庭财富③及家庭人口学特征变量等主要影响因素纳入模型中，并与仅考察收入和不确定性对居民储蓄率影响的模型进行对比分析。

第一节 变量说明与模型设定

一、变量选取及描述

（一）收支不确定性

根据以上分析，分别选取居民家庭可支配收入增长率的平方和消费性支出增长率的平方作为收入不确定性和支出不确定性的衡量指标。

---

① 参见易行健、张波：《中国城镇居民消费倾向波动的实证检验——基于不同收入阶层视角》，载《上海财经大学学报（哲学社会科学版）》2011 年第 1 期。

② 参见袁冬梅、李春风、刘建江：《城镇居民预防性储蓄动机的异质性及强度研究》，载《管理科学学报》2014 年第 7 期。

③ 此处的家庭财富沿用第 5 章的分析，包括家庭资产和人力资本两方面。

（二）收入

收入是居民家庭进行消费和储蓄的基础，是影响居民家庭消费和储蓄行为的最重要因素。根据凯恩斯的消费理论，消费水平随着收入的提高而上升，边际消费倾向随收入的提高而递减。

（三）家庭资产

近年来，作为家庭收入的重要补充，家庭资产在消费行为中的影响作用也逐渐受到重视。资产水平的波动主要影响财产性收入或经营性收入，进而影响居民家庭的消费行为。研究表明，金融资产和非金融资产的边际消费倾向都显著为正，也就是说，无论居民持有资产的形式如何，都会产生一定的财富效应，从而扩大居民的消费需求。房地产资产在居民持有的资产中占有重要地位，房地产对居民消费行为具有明显的促进作用。

（四）家庭规模

家庭规模即一户居民家庭所拥有的人口数。作为一项重要的家庭人口学特征变量，家庭规模可以直观地反映家庭人口对家庭消费决策的影响。在经济快速发展、居民家庭收入水平不断提高的发展阶段，在不受强烈的流动性约束的情况下，家庭规模越大，往往意味着家庭的消费水平越高。

（五）家庭教育支出

随着 20 世纪 80 年代初期“计划生育”政策开始严格执行以来，我国的人口出生率得到了明显控制，家庭生育水平也受到了限制，出生孩子的数量明显减少。这种生育水平下降的局面促进居民家庭更加注重对后代，尤其是对独生子女的人力资本投资，主要表现在对子女的教育支出方面。教育的投入能够促进居民教育人力资本的增加，通过提高子女的受教育程度来提高其人力资本水平，增加子女的预期劳动收入。研究表明，独生子女的人力资本水平比他们的父母高出 47%，按照教育回报率换算，独生子女一代的工资水平比他们的父母高出15%。[①] 另外，在现行教育收费制度下，虽然义务教育时期学杂费很少，但激烈的竞争导致图书、文具用品、额外补课和兴趣班等的支出很大；在高等教育时期，学费和不断攀升的生活费是家庭的很大负担。因此，在大量教育支出的预期下，居民家庭也会倾向于增加储蓄水平。[②]

（六）家庭医疗保健支出

在形成健康人力资本的过程中，不仅医疗支出，保健支出也有一定的作用，并且日益受到居民的重视。因此，在考虑家庭健康人力资本的投入时，可将家庭医疗支出和保健支出合并为一项，即家庭医疗保健支出。家庭的医疗保健支出水平与家庭成员的健康状况密切相关。医疗保健支出能够提高或改善居民的健康状况，形成健康人力资本。健康是人力资本的重要组成部分，是得到人力资本回报的前提条件，没有健康就可能导致获得的劳动收入降低甚至面临失去就业机会的风险。医疗支出是健康的一项重要保障，在居民家庭的消费中具有刚性。[③] 目前，我国的医疗保险体系尚不完善，如果根据家庭成员的健康状况对医疗支出形成较高预期，会促使家庭相应地降低消费水平。

为分别研究收支不确定性与人力资本投入对我国不同收入阶层城镇居民储蓄率的影响，基于以上分析，建立计量模型如下：

$$s_{ij} = \alpha_0 + \beta_1 (\Delta \ln y_{ij})^2 + \beta_2 (\Delta \ln C_{ij})^2 + \ln y_{ij} + \varepsilon_{ij} \tag{6-1}$$

① T. Choukhmane, N. Coeurdacier, K. Jin. The One-Child Policy and Household Savings[C]. London School of Economics, 2013, 3.

② 参见刘建平、张翠：《预期收支不确定性对居民消费行为的影响研究——基于经济转型中我国城镇居民消费数据的分析》，载《消费经济》2015年第5期。

③ 参见杨丽、陈超：《医疗公共品供给对农村居民消费的影响——基于预防性储蓄的视角》，载《农业技术经济》2015年第9期。

$$s_{ij} = \alpha_0 + \beta_1(\Delta \ln y_{ij})^2 + \beta_2(\Delta \ln C_{ij})2 + \beta_3 \ln y_{ij} + \beta_4 \ln w_{ij} + \beta_5 familysize_{ij} + \beta_6 \ln educ_{ij} + \beta_7 \ln med_{ij} + \varepsilon_{ij} \tag{6-2}$$

式中，$i=1,2,3\cdots$代表各收入阶层中的家庭个体；$j=1,2,3,4$代表将样本家庭按照收入分位数划分的四个收入阶层，具体来说，$j=1$代表低收入阶层的家庭，$j=2$代表中低收入阶层的家庭，$j=3$代表中高收入阶层的家庭，$j=4$代表高收入阶层的家庭；s代表家庭的储蓄率，由家庭的可支配收入减去消费性支出的部分占可支配收入的比值计算得到，这里的消费性支出与国家统计局的数据保持一致，包括食品、衣着、居住、家庭设备及日用品、医疗保健、交通通信、文教娱乐及其他共八类支出；$(\Delta \ln y)^2$是2010～2012年的家庭人均可支配收入对数的差的平方，近似等于家庭人均可支配收入增长率的平方，在此作为居民家庭收入不确定性的代理变量；$(\Delta \ln C)^2$是2010～2012年的家庭人均消费性支出对数的差的平方，近似等于家庭人均消费性支出增长率的平方，在此作为居民家庭支出不确定性的代理变量；$\ln y$是家庭人均可支配收入的对数；$\ln w$是家庭所拥有净资产的对数；$familysize$代表家庭人口规模；$\ln educ$和$\ln med$分别表示家庭教育支出的对数和家庭医疗保健支出的对数，这两项指标综合起来体现的是家庭的人力资本支出情况。

对比两个模型可以发现，模型6-1的依据是预防性储蓄理论，重点考察居民生活中面临的收入与支出不确定性对不同收入阶层的家庭储蓄率的影响，其影响的范围仅是家庭储蓄率中的预防性储蓄部分；模型6-2则在考虑收支不确定性的基础上，加入了家庭资产、家庭规模和家庭的教育人力资本和健康人力资本投入等因素，试图从更多的角度对不同收入阶层居民家庭的高储蓄率水平进行解释。

此外，物价和利率波动也对居民家庭的消费行为有一定影响，但是使用的数据在经过处理之后变成了截面数据，物价和利率在同一年内的变化可以忽略不计，相关文献中作相同处理后也没有考虑，所以在模型中不再加入物价和利率变量。主要变量的定义及说明如表 6-1 所示。

表 6-1　　主要变量的定义及说明

符号	变量名称	含义及说明
$(\Delta\ln y)^2$	收入增长率的平方	收入不确定性的代理指标
$(\Delta\ln C)^2$	消费增长率的平方	支出不确定性的代理指标
$\ln y$	可支配收入对数	家庭人均可支配收入的对数
$\ln w$	家庭净资产对数	家庭所拥有净资产的对数
familysize	家庭规模	家庭成员个数
ln*educ*	教育支出对数	家庭教育年开支的对数
ln*med*	医疗保健支出对数	家庭医疗年开支的对数

注：家庭净资产的计算方法是家庭总资产减去家庭总负债。其中，家庭总资产主要包括家庭拥有的土地价值、总房产、金融资产（以银行存款为主）、生产性固定资产和耐用消费品价值；家庭总负债主要包括房贷和非房贷的金融负债。

二、数据来源及说明

本部分所使用的数据来自 CFPS，CFPS 数据库将样本家庭按照不同的收入阶层平均划分为四个分位，即各收入阶层的家庭数量均占全部家庭数量的 25%，划分的阶层分别是低收入阶层、中低收入阶层、中高收入阶层和高收入阶层。由于这种收入阶层划分是在全样本的情况下进行的，因此避免了在剔除或更改部分样本时对收入阶层的重新划分，保证了样本家庭的收入阶层不因样本数目更改而改变。CFPS 数据库在提供有关家庭收入和消费等2010年和2012年的调查数据时，提供了经过调整后的2012年数据，即2012年相关调查数据与2010年的调查口径保持一致，以便使这两年的数据具有可比性。从CFPS数据库中获得的城镇居民家庭样本共有6050户。在数据处理的过程中，剔除主要变量为空缺值的家庭记录及严重错误的家庭记录，最终得到了2794个有效样本。

本章使用的数据如无特殊说明，均来自CFPS已经公布并更新后的2010年和2012年中国家庭追踪调查数据。表6-2是对模型6-1中主要变量的描述性统计。

表6-2　对主要变量的描述性统计

变量名	平均值	标准差	最小值	最大值
$(\Delta \ln y)^2$	0.51	0.91	0	8.51
$(\Delta \ln C)^2$	0.46	0.78	0	8.37
$\ln y$	9.44	0.68	7.7	12.35
$\ln w$	12.61	1.3	6.59	16.82
familysize	4.58	1.64	2	11
ln*educ*	8	1.2	3.91	10.82
ln*med*	7.26	1.28	2.3	12.2

第二节　实证结果与分析

基于预防性储蓄理论和人力资本投入的考虑，利用CFPS数据库中2010年和2012年的家庭追踪调查数据经过处理后得到的截面数据建立模型，对居民家庭面临的收入和支出不确定性、人力资本投入情况对不同收入阶层的家庭储蓄率的影响进行实证分析。

截面数据可能存在异方差，影响估计结果的准确性。对此，笔者首先使用怀特检验对所有的模型进行了异方差检验。怀特检验的优点是可以检验任何形式的异方差。检验结果表明，模型存在异方差，直接采用稳健最小二乘法回归将导致结果产生偏差。在处理异方差时通常有两种处理方法：一种是采用稳健最小二乘法回归并采用稳健标准差，另一种是采用可行广义最小二乘法。前者的估计更为稳健，不需要知道条件方差函数的具体形式即可以得到估计一致的回归系数和标准差；后者的估计更为有效，但是必须估计条件方差函数，而通常并不能确定条件方差函数的具体形式。由于样本容量较大，即使是存在异方差的情况下，使用稳健标准差也可以使所有参数估计和假设检验正常进行，得到准确的结果。因此，本章所有的稳健最小二乘法估计均采取稳健标准差。

一、收支不确定性与家庭储蓄率

模型6-1中，对家庭储蓄率的解释变量主要是收入和支出的不确定性及家庭人均可支配收入。估计的模型6-1参数结果如表6-3所示。

表6-3　　模型6-1的参数估计结果

收入组	低收入组	中低收入组	中高收入组	高收入组
$(\Delta \ln y)^2$	−0.016*** (−2.82)	0.0488*** (3.76)	0.073*** (6.19)	0.124*** (26.24)
$(\Delta \ln C)^2$	0.008 (0.61)	−0.048*** (−4.66)	−0.13*** (−11.25)	−0.133*** (−16.13)

续表

收入组	低收入组	中低收入组	中高收入组	高收入组
lny	−0.068*** (−2.84)	−0.134*** (−5.67)	−0.288*** (−15.10)	−0.007 (−0.59)
常数项	0.754*** (3.59)	1.459*** (7.04)	3.035*** (17.28)	0.483*** (4.02)
样本数	153	488	938	1215
R^2	0.05	0.07	0.21	0.28

从表6-3的估计结果中可以看出，不同收入阶层的城镇居民家庭的消费和储蓄情况有明显的不同。模型6-1的估计结果表明，低收入组的收入和支出不确定性对家庭储蓄率的影响非常小，而且均不显著。家庭人均可支配收入的对数项对储蓄率的影响显著为负，表明低收入组家庭收入增长时会释放一部分消费需求，从而导致家庭储蓄率降低。中低收入组家庭面临的不确定性中，收入不确定性对家庭储蓄率的影响很显著，而支出不确定性的影响并不显著；收入的增长能够促进消费需求的释放，且释放的消费需求比低收入组家庭的程度更高。中高收入组家庭同时受到收入和支出不确定性的影响，但是影响的方向并不相同：收入不确定性的增加能够促进家庭储蓄率的提高，说明中高收入组家庭对面临的不确定性较为敏感，当收入不确定性增加时，中高收入组家庭倾向于减少消费，同时增加预防性储蓄来应对未来的不确定性。

对四个收入组进行横向比较可以看出，收入的增加对于中高收入组的消费能力释放是最强的，其次是较高收入组，这表明收入处于中等水平家庭的消费需求总体上受到收入水平的抑制，尤其是中高收入组，这可能是由于这部分家庭受到高收入家庭消费的示范效应的影响较大，希望自身的消费结构不断升级所致。对于高收入组家庭来说，收入和支出的不确定性可同时显著地影响家庭储蓄率，而且影响程度在四个收入组中是最强的，这可能是由于高收入组的收入和支出变化幅度相对较大所致。

二、不确定性、家庭财富与储蓄率

从以上模型的估计结果可以看到，四个收入阶层的回归结果对样本家庭的拟合程度并不好，R^2 值总体都较低，模型的解释变量对家庭储蓄率的整体解释力度不强，并且回归结果对经济现象的解释并不理想。根据前文的理论分析，模型 6-2 在模型 6-1 的基础上引入了家庭净资产、家庭规模、家庭教育支出和家庭医疗保健支出等解释变量，进一步对家庭储蓄率进行了回归分析，估计结果如表 6-4 所示。

表 6-4　　模型 6-2 的估计结果

收入组	低收入组	中低收入组	中高收入组	高收入组
$(\Delta\ln y)^2$	−0.069*** (−6.33)	0.035*** (2.60)	0.05*** (4.61)	0.087*** (14.46)
$(\Delta\ln C)^2$	0.048*** (3.27)	−0.036*** (−3.37)	−0.114*** (−10.12)	−0.115*** (−13.22)
$\ln y$	0.092*** (2.64)	−0.089*** (−3.41)	−0.186*** (−10.25)	0.121*** (7.61)
$\ln w$	−0.004 (−0.43)	−0.011 (−0.88)	−0.019*** (−3.67)	−0.035*** (−5.93)
familysize	0.081*** (6.70)	0.016** (2.29)	0.06*** (15.15)	0.044*** (9.58)
ln*educ*	−0.066*** (−4.24)	−0.046*** (−5.50)	−0.039*** (−6.34)	−0.05*** (−10.43)
ln*med*	−0.045*** (−4.24)	−0.017*** (−5.50)	−0.041*** (−6.34)	−0.02*** (−10.43)
常数项	−0.197 (−0.71)	1.461*** (6.25)	2.674*** (15.50)	−0.001 (−0.04)
样本数	153	488	938	1215
R^2	0.36	0.13	0.4	0.39

对比表 6-3 和表 6-4 的估计结果可以看出，在引入了家庭特征变量和基本的户主人口学特征变量之后，收入和支出不确定性

的系数和收入对数的系数发生了明显的变化。模型 6-2 的 R^2 表明，四个收入组的模型拟合程度明显提高，除中低收入组的拟合优度相对较低外，其他收入组的拟合优度都在 0.4 左右，达到了较好的水平。产生的样本数减少主要是由于模型 6-1 中的某些家庭样本中对引入的新解释变量的相关数据记录不全，需要将数据不全的家庭样本剔除所致。

（一）收支不确定性与储蓄率

从表 6-4 中可以看出，不同收入组家庭的各项解释变量对其家庭储蓄率的影响程度不同。首先分析收支不确定性对于各收入阶层家庭储蓄率的影响。模型在引入新的影响因素后，收入和支出不确定性对所有收入阶层家庭的储蓄率的影响均通过了1%的显著性检验。低收入组的收入和支出不确定性对家庭储蓄率的影响方向与其他三个收入组相反。低收入组家庭对面临的收入不确定性比较敏感，系数为－0.069，这表明随着收入不确定性的增加，低收入居民增加消费的趋势明显，家庭储蓄率降低。支出不确定性的系数为 0.048，表明低收入家庭对未来支出的预期较高时，会减少当期消费，增加预防性储蓄来减轻或消除未来的消费需求受到的流动性约束。

对比收支两方面的不确定性，低收入家庭对于收入不确定性的敏感程度略大于支出不确定性，原因可能是低收入组家庭的平均收入水平较低，有较大的潜在消费需求不能得到满足。当低收入组家庭的收入水平出现波动时，这种波动可能是未预期到的临时性收入增加，从而促进居民增加消费。而未预期到的消费支出会使居民表现出谨慎性动机，增加预防性储蓄。

中低收入组的收支不确定性系数在四个收入组中是绝对值最小的，大致为 0.035，说明中低收入家庭对未来的不确定性表现得并不十分敏感，其预防性储蓄动机相对于其他收入组家庭更弱。中低收入家庭在消费决策中受到地位寻求和阶层间消费水平两方面的影响，他们一方面希望与低收入家庭的消费行为表现不一致，从而将自己与低收入家庭加以区分；另一方面则希望在消费上模仿更高收入阶层的家庭，以追求地位的提升。这两方面的影响是中低收入家庭提高消费水平的动力之一，这种动力可能会削弱未来不确定性的预期对家庭储蓄率的影响。

对中高收入组家庭来说，面临的收入不确定性增加时，其会增加储蓄，表现出谨慎动机；而在支出不确定性增加时，其会减少储蓄，转而增加消费，表现出交易动机。在不确定性产生相同变动的情况下，收入不确定性对中高收入家庭储蓄率的正向影响程度小于支出不确定性对储蓄率的负向影响。收入不确定性的系数为0.055，对家庭储蓄率的影响程度在各收入阶层家庭中处于中等水平。支出不确定性的系数为－0.112，相对于收入不确定性，中高收入组家庭对支出不确定性更为敏感。中高收入组家庭也受到和中低收入组家庭相似的阶层之间消费的影响，即将自己与中低收入组家庭区别开，并试图模仿高收入组家庭的消费行为。

高收入组家庭对未来不确定性的总体反应比较敏感，收入不确定性的系数为0.05，说明高收入组家庭在面临收入波动的时候也表现出谨慎动机，原因可能是高收入组家庭比较注重保持自己的地位，或因为高收入组家庭的收入水平变动幅度较大，为了不使家庭因收入波动而影响消费效用，其倾向于在收入不确定性增加的时候增加预防性储蓄。高收入组家庭的支出不确定性系数为－0.114，在支出不确定性增大的时候，高收入组家庭仍然不会降低消费水平，这也说明在收入较高的情况下，居民的消费需求具有一定的刚性。

总的来说，除了低收入组以外，其他三个收入组的家庭都会在收入不确定性增加的时候提高家庭储蓄率，增加预防性储蓄来降低不确定性带来的效用损失。收入是消费支出的最重要来源，当未来收入面临不确定性因素时，居民家庭往往表现出谨慎动机。而低收入组家庭由于收入水平较低，面临的收入不确定性可能以正向冲击为主，从而会增加家庭的消费支出，释放部分潜在的消费需求。中低收入组、中高收入组和高收入组家庭都有一定的区别较低收入组家庭的消费动机，并不愿因为支出不确定性的增加而降低原有的消费水平，其消费需求表现出一定的刚性。低收入组家庭在支出不确定性增加的时候倾向于增加储蓄，主要是预防必要的消费支出受到流动性约束的影响。

(二)家庭特征变量与储蓄率

家庭特征变量主要指模型中除了收支不确定性之外的家庭变量，包括收入对数、家庭净资产对数和家庭规模。前两者主要是经济指标，后者是家庭的人口学特征变量。

1.收入对数和家庭净资产对数

收入作为影响消费和储蓄的最重要因素，对各个收入阶层家庭的储蓄率都有显著的影响，但是具体来看，影响的方向并不完全相同。低收入组家庭的储蓄率随着收入的增加而上升，不过上升幅度较小，这证明低收入组家庭的消费需求受到了抑制。由于低收入组家庭预防未来不确定性的能力较低，因此必须将一部分增加的收入用于储蓄，较少的一部分收入增加则用于当期消费。中低收入组和中高收入组家庭的储蓄率随着收入的增加而下降，这两组家庭的主要收入来源是工资收入，收入预期相对稳定，因此在收入增加的时候，其倾向于先满足潜在的消费需求，说明二者在一定程度上受到了流动性约束。高收入组家庭的边际消费倾向在各收入阶层中是最低的，因而在收入增加时倾向于增加储蓄。

2.家庭规模

家庭规模对以上四个收入组家庭储蓄率的影响都是正向且

显著的，这表明家庭规模对于各收入阶层家庭的储蓄率都具有促进作用，但不同收入阶层对家庭规模影响储蓄率的敏感程度不同。低收入组家庭的反应最为敏感，系数为0.081，其家庭成员每增加1个，就相应地增加一部分必要的支出，而低收入家庭增加收入的能力有限，在未来支出预期增加的情况下，必须减少当前消费以积累家庭资产。中低收入组家庭的储蓄率对家庭规模的敏感程度最低，系数为0.016，增加的家庭人口在一定程度上增加了家庭的支出预期，但相较于低收入家庭，中低收入家庭的收入水平更高，对于增加家庭人口更具有增加消费支出的能力。中高收入组和高收入组的家庭规模影响系数分别为0.06和0.044，均高于中低收入组，这可能是由于中高收入组家庭除了为增加的家庭人口增加必要的消费支出之外，还需要通过增加人力资本投资等其他方面的支出来提高家庭的收入水平，从而增加了家庭储蓄率。

3.家庭财富与储蓄率

首先来看家庭资产水平，家庭净资产对各个收入阶层的家庭储蓄率均有负向影响，即家庭净资产的增加会促进消费，降低家庭储蓄水平。家庭净资产对储蓄率的影响程度随着收入水平的提高而呈现出逐渐增强的趋势。低收入组家庭和中低收入组家庭净资产对于储蓄率的影响系数分别是－0.004和－0.011，负向影响很小，并且不显著。中高收入组和高收入组家庭持有净资产的系数分别是－0.019和－0.035，可见较高收入的两个组家庭净资产对消费的促进作用明显高于较低收入组家庭。

各收入阶层的家庭资产以房产和金融资产为主，表6-5所示为各收入阶层的家庭净金融资产、土地价值净房产及占比与净资产的均值统计情况，从表6-4中可以看出，家庭持有的净资产随着收入水平的升高而逐渐增加，并且增加的幅度逐级增大。将各个收入阶层的家庭净资产均值比较，可以看出城镇居民的收入差距在高收入群体与其他较低收入群体之间表现得十分明显，即家庭资产水平在不同收入阶层之间的差距很大。

表 6-5　各收入阶层的家庭净资产均值及占比统计　（单位：万元）

收入组	净金融资产	土地价值	净房产	净房产占比(%)	净资产
低收入组	1.1	2.29	18.72	62.92	23.4
中低收入组	0.94	2.16	23.75	81.09	33.03
中高收入组	3.28	1.38	32.86	71.04	39.7
高收入组	10.93	2.63	79.72	77.38	102.19

注：表 6-5 中，第一栏的净金融资产为金融资产减去非房产金融负债，第二栏的土地指的是包含耕地、林地、牧场和水塘在内的所有土地类型，第三栏的净房产为总房产减去总房贷，第四栏的净房产占比指净房产在家庭净资产中所占的比例。

表 6-5 中，低收入组家庭和中低收入组家庭的金融净资产水平明显低于收入较高的两个组。从土地价值来看，低收入组家庭的土地价格在四个收入组中仅次于高收入组，金融净资产水平略高于较低收入组，原因可能是低收入组家庭拥有更多可以出租的土地，从而获得了一定的租金收益。低收入组家庭的房产多数用于自住，无法创造投资价值，因此这种资产持有状况对家庭储蓄率的影响很小，并且不显著。中低收入家庭的资产持有形式以房产为主，房产占比在所有收入阶层中是最高的，达 81.09%，家庭金融资产持有水平最低，这对降低储蓄、促进消费的作用十分有限。

中高收入组和高收入组家庭在持有净资产量上高于收入较低的两组家庭，其中，高收入组家庭的净资产量是中高收入组家庭净资产量的 2.5 倍，表现为资产分布水平在较高收入的两个组之间也存在较大差距。就家庭资产的持有形式来看，中高收入组和高收入组的金融资产比重相对较大，金融资产占到家庭持有资产的10%左右。收入较高的两个组家庭房产持有量也高于收入较低的两个组，但由于净资产量较高，净房产的比重反而与其他组差别不大。中高收入组和高收入组家庭持有的资产水平较高，能够产生家庭净资产的财富效应，可通过持有一定规模和数量的资产刺激消费，降低家庭储蓄水平。尤其需要注意的是，高收入组家庭的资产持有量明显高于其他三个组，因此其家庭资产对消费的促进作用最为明显。

其次，本研究认为人力资本是家庭财富的组成部分，模型6-2中的教育支出和医疗保健支出是衡量家庭人力资本的变量。总体来看，对于所有收入阶层的家庭来说，教育支出和医疗保健支出对家庭储蓄率的影响都是负向的，并且高度显著，这两项人力资本支出对所有收入组家庭储蓄率的影响程度均通过了1%的显著性检验，表明人力资本对居民家庭储蓄率的影响非常重要。

图6-1、图6-2、图6-3和图6-4分别显示了各个收入阶层家庭的教育支出和医疗保健支出占家庭总支出的比例。通过对比各图可以看出，收入较低的两个组在教育和医疗保健支出这两项人力资本支出的占比上相当，且两个组的教育支出均比医疗保健支出水平略高。这两组家庭对教育和医疗保健两项支出的总和都占家庭总消费支出的30%左右，而随着收入水平的提高，教育支出在家庭消费中的占比变化不大，仅在高收入家庭消费中所占比例下降为12.6%左右。所有收入阶层的教育支出占总消费支出的比例相差不大，这表明各个收入阶层对教育人力资本的投入都比较重视。医疗保健支出占家庭消费的比例随收入水平的降低而呈现出规律递增的趋势，并且在收入较低的两个组与收入较高的两个组间差别较明显。其中，低收入组和中低收入组的医疗保健支出占比分别为13.8%和12.7%，而在中高收入组和高收入

组中，医疗保健支出占比分别为 7.7％和 6.7％，这从侧面反映出收入较高的居民身体健康状况较收入较低的居民更好，拥有更高的健康人力资本。

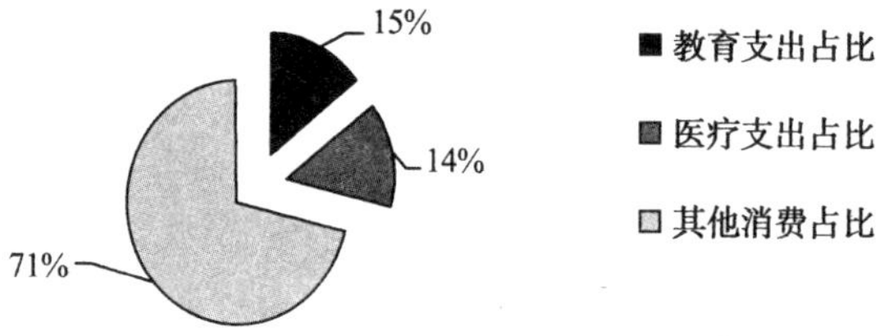

图 6-1　低收入组家庭的教育和医疗保健支出占比

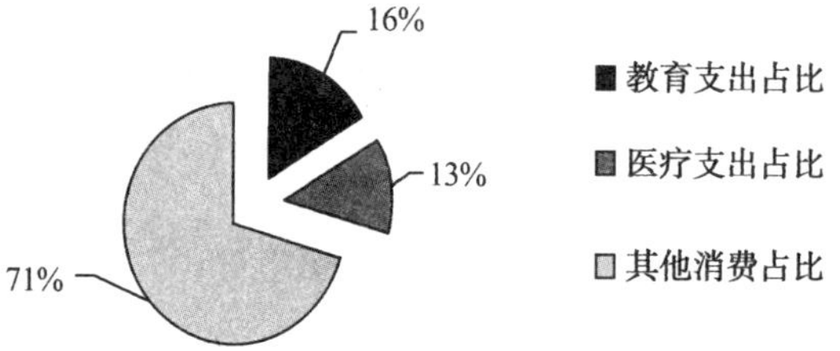

图 6-2　中低收入组家庭的教育和医疗保健支出占比

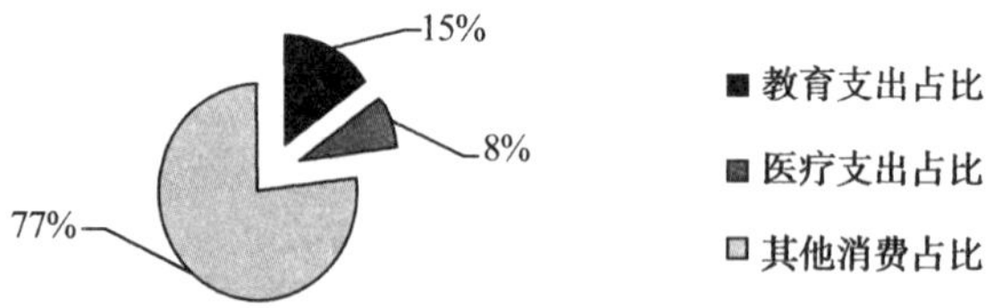

图 6-3　中高收入组家庭的教育和医疗保健支出占比

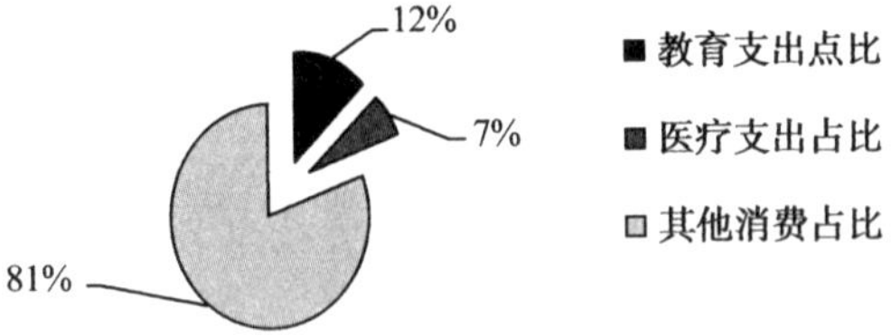

图 6-4　高收入组家庭的教育和医疗保健支出占比

在模型 6-2 的估计结果中，教育支出方面，低收入组家庭的教育支出对家庭储蓄率的负向影响在四个收入阶层中最大，系数为－0.066。教育支出的增加使低收入组家庭的储蓄率出现了相对明显的下降，这在一定程度上表明低收入组家庭对教育投资的重视程度较高。其他三个收入组的教育支出对家庭储蓄率的影响差别并不明显，系数为－0.05～－0.039。教育支出对所有家庭的储蓄率影响十分显著且影响程度较大，体现出教育人力资本对各个收入阶层的家庭都具有重要意义。

在医疗保健支出方面，低收入组家庭储蓄率的受影响程度仍然是四个收入阶层中最大的，系数为－0.045。结合医疗保健支出在各组家庭总支出中的占比，低收入组家庭的医疗保健支出占比也最高。在低收入组家庭中，医疗保健支出能够显著降低家庭储蓄率，并且占到家庭消费的 13.8%，可以看出医疗保健支出在低收入组家庭的消费中表现出了刚性的特征。中低收入组和高收入组的医疗保健支出对储蓄率的影响程度相当，系数分别为－0.017和－0.02。中低收入组家庭的医疗保健支出占家庭消费的 12.7%，相对较高，但是医疗保健支出对储蓄率的影响程度并不高，原因可能是中低收入组家庭的医疗保健支出对其他消费支出项具有挤出效应。中高收入组家庭的医疗保健支出对储蓄率的影响系数为－0.044，其医疗保健支出的消费占比为 7.7%，相较于中低收入组家庭,中高收入组家庭的储蓄率对医疗保健支出的敏感程度更高,但医疗保健支出对其他支出项的挤出效应也较小。高收入组家庭的医疗保健支出对储蓄率的影响程度不高,医疗保健支出的消费占比也是最低的,这表明高收入组家庭的消费行为受医疗保健支出的影响较小。

综合教育和医疗保健支出这两方面来看,低收入组家庭的储蓄率对这两项人力资本投资都较为敏感。横向比较来看,低收入组家庭的储蓄率在四个收入阶层中受这两项支出的影响都是最大的。中低收入组家庭的储蓄率受教育支出的影响更为明显,而医疗保健支出对其消费有一定的挤出效应。中高收入组家庭的教育支出和医疗保健支出对家庭储蓄率的影响相当,系数都在−0.04左右,与其他各收入组相比,其家庭储蓄率对医疗保健支出相对敏感。高收入组家庭的教育支出占消费的比重不高,但是家庭储蓄率受到教育支出的影响较为明显,表明高收入组家庭对教育人力资本投入的重视程度较高。医疗保健支出对高收入组家庭储蓄率的影响较为显著,但影响程度相对较低。各收入阶层都表现出了对人力资本投资的重视,尤其是对教育人力资本的投资,每个收入阶层的家庭储蓄率受教育支出的影响都比医疗保健支出的影响更大或程度相当。

三、对家庭生命周期的储蓄率检验

储蓄生命周期理论将个人或家庭不同生命周期阶段的消费行为作为研究对象,根据该理论,个人的储蓄行为与其生命周期紧密地联系在一起,人处在不同的生命周期中会有不同的储蓄行为和习惯。

在本章的实证过程中,选取户主年龄作为家庭所处的生命周期阶段的代理变量。户主是对家庭经济状况最了解的人,因此有理由认为户主的基本人口学特征和偏好能够对家庭的消费和储蓄行为产生相对较大的影响，故以户主年龄作为家庭年龄的代理变量较为合理。引入户主年龄变量后，模型变为：

$$s_{ij} = \beta_0 + \beta_1(\Delta \ln y_{ij})2 + \beta_2(\Delta \ln C_{ij})^2 + \beta_3 \ln y_{ij} + \beta_4 \ln w_{ij} + \beta_5 familysize_{ij} + \beta_6 \ln educ_{ij} + \beta_7 \ln med_{ij} + \beta_8 age_{ij} + \varepsilon_{ij} \quad (6\text{-}3)$$

式中，*age* 表示户主年龄，其他变量同模型 6-2。

从表 6-6 引入户主年龄的估计结果中可以看出，其他变量对家庭储蓄率的影响同模型 6-2 差别不大，这证明了模型 6-2 估计结果的稳健性。户主年龄对各个收入阶层的家庭储蓄率的影响显著性有一定差别，除了低收入组家庭外，其他三个收入组家庭的户主年龄对家庭储蓄率的影响都较为显著，这表明户主的年龄影响了家庭的消费偏好。

表 6-6　　引入户主年龄后的估计结果

收入组	低收入组	中低收入组	中高收入组	高收入组
$(\Delta\ln y)^2$	−0.069*** (−6.29)	0.036** (2.58)	0.049*** (4.39)	0.088*** (14.74)
$(\Delta\ln C)^2$	0.048*** (3.23)	−0.036*** (−3.36)	−0.112*** (−10.13)	−0.115*** (−13.38)
ln*y*	0.093*** (2.66)	−0.086*** (−3.21)	−0.189*** (−10.16)	0.12*** (7.54)
ln*w*	−0.004 (−0.43)	−0.013 (−1.06)	−0.02*** (−3.86)	−0.036*** (−6.10)
familysize	0.081*** (6.59)	0.015** (2.14)	0.06*** (15.18)	0.04*** (9.58)
ln*educ*	−0.066*** (−4.22)	−0.044*** (−5.11)	−0.039*** (−6.36)	−0.049*** (−10.20)
ln*med*	−0.043*** (−4.22)	−0.018** (−2.09)	−0.043*** (−7.72)	−0.021*** (−3.73)
age	−0.0004 (−0.39)	0.0014* (1.84)	0.0015*** (3.51)	0.0009** (2.51)

续表

收入组	低收入组	中低收入组	中高收入组	高收入组
常数项	−0.188 (−0.67)	1.523*** (6.52)	2.633*** (15.46)	0.0471 (0.37)
样本数	153	488	938	1215
R^2	0.36	0.16	0.41	0.39

横向比较不同收入组家庭引入户主年龄后的估计系数，可见收入处于中等水平的两个组中，户主年龄对家庭储蓄率的影响程度相对较高，中低收入组和中高收入组户主年龄对家庭储蓄率的影响系数分别为0.0014和0.0015，影响程度大致相当。低收入组的户主年龄对家庭储蓄率的影响系数为0.0004，在四个收入组中影响程度最低。高收入组户主年龄对家庭储蓄率的影响系数接近0.001。

由于直接将户主年龄作为控制变量估计时，其对家庭储蓄率产生的影响系数较小，不容易进行比较，因此笔者结合生命周期理论，按照户主所处的生命周期阶段对户主年龄这一变量进行划分，分为30岁及以下、31～40岁、41～50岁、51～60岁和60岁以上五个阶段，分别用coh1、coh2、coh3、coh4、coh5表示户主年龄所处的阶段，统计情况如表6-7所示。从统计情况来看，按照这种分组方法，也可以将各个年龄阶段的家庭较为平均地分开。户主年龄在30岁以下的是年轻家庭，户主年龄为31～40岁的是中青年家庭，户主年龄为41～50岁的是中年家庭，户主年龄为51～60岁的是中老年家庭，户主年龄在60岁以上的是老年家庭。

表6-7　　户主年龄的分组统计

变量名	样本数	样本数占比(%)
coh1	534	19.11
coh2	957	34.25

续表

变量名	样本数	样本数占比(%)
coh3	582	20.83
coh4	383	13.71
coh5	338	12.1
总计	2794	100

注：coh1 表示户主年龄在 30 岁及以下的年轻家庭，coh2 表示户主年龄为 31～40 岁的中青年家庭，coh3 表示户主年龄为 41～50 岁的中年家庭，coh4 表示户主年龄为 51～60 岁的中老年家庭，coh5 表示户主年龄在 60 岁以上的老年家庭。

在接下来的估计中，本研究以户主的年龄作为家庭生命周期阶段的代理指标，将各收入阶层的家庭按照户主的年龄划分成不同的生命周期阶段，对各影响因素再次进行估计，得到的估计结果如表 6-8 所示。

表 6-8　引入家庭生命周期后的估计结果

收入组	低收入组	中低收入组	中高收入组	高收入组
$d\ln y_2$	−0.066*** (−5.92)	0.039*** (2.84)	0.048*** (4.27)	0.09*** (14.87)
$d\ln C_2$	0.048*** (3.17)	−0.041*** (−3.82)	−0.110*** (−10.09)	−0.115*** (−13.52)
$\ln y$	0.078** (2.24)	−0.084*** (−3.09)	−0.187*** (−9.99)	0.117*** (7.29)
$\ln w$	−0.011 (−1.24)	−0.012 (−0.95)	−0.019*** (−3.76)	−0.035*** (−6.07)
familysize	0.078*** (6.49)	0.009 (1.28)	0.058*** (14.87)	0.039*** (8.05)
ln*educ*	−0.06*** (−3.76)	−0.049*** (−5.56)	−0.042*** (−6.77)	−0.048*** (−9.80)
ln*med*	−0.04*** (−3.39)	−0.021** (−2.25)	−0.041*** (−7.27)	−0.022*** (−3.93)
coh1	0.059 (0.98)	−0.08* (−1.92)	−0.045** (−2.11)	−0.044** (−2.06)

续表

收入组	低收入组	中低收入组	中高收入组	高收入组
coh2	0.094** (2.48)	−0.073** (−2.10)	−0.089*** (−4.33)	−0.065*** (−3.16)
coh3	0.054 (1.11)	−0.112** (−2.50)	−0.046** (−2.01)	−0.058*** (−2.68)
coh4	0.101** (2.15)	−0.098** (−2.07)	−0.023 (−0.92)	0.005 (0.20)
常数项	−0.123 (−0.44)	1.707*** (7.58)	2.738*** (15.40)	0.172 (1.31)
样本数	153	488	938	1215
R^2	0.38	0.14	0.42	0.4

注：此处将 coh5 作为参照组。

整体来看，将户主年龄这一变量划分为不同生命周期阶段的五组变量之后，其他解释变量对家庭储蓄率的影响在影响程度和显著性上与原有估计结果基本保持一致。将户主年龄在 60 岁以上的老年家庭作为年龄虚拟变量的参照组，各个年龄阶段的影响系数与户主年龄大于 60 岁的组进行比较，可以得出家庭所处的生命周期阶段对家庭储蓄率影响程度的排序。

为了便于分析不同生命周期阶段中各收入组家庭储蓄率的变化趋势，图 6-5 根据实证结果大致描绘了考察期（即户主年龄 16～60 岁的时期）内各收入组的家庭储蓄率与户主年龄段的相对变动趋势。需要强调的是，这里展示的仅仅是家庭储蓄率在户主年龄处于不同阶段时的相对变化，而不是绝对变化水平。横向观察四个收入组可见，低收入组是所有收入组中唯一一个家庭储蓄率水平在户主 60 岁之前始终高于户主 60 岁之后的组别，同时低收入组家庭的储蓄率随户主年龄呈波动式下降的变动趋势。低收入组家庭的户主年龄在 40 岁之前家庭储蓄率逐渐上升，41～50 岁时储蓄率表现出下降的趋势，这一波动可能是由于该阶段家庭需要支出的项目和数额大量增加，如居民家庭为子女的婚姻而进行的各项消费支出等。户主年龄为 51～60 岁时家庭储蓄率达到生命周期中的最高值，随后逐渐下降，一直延续到户主年龄在 60 岁之后。

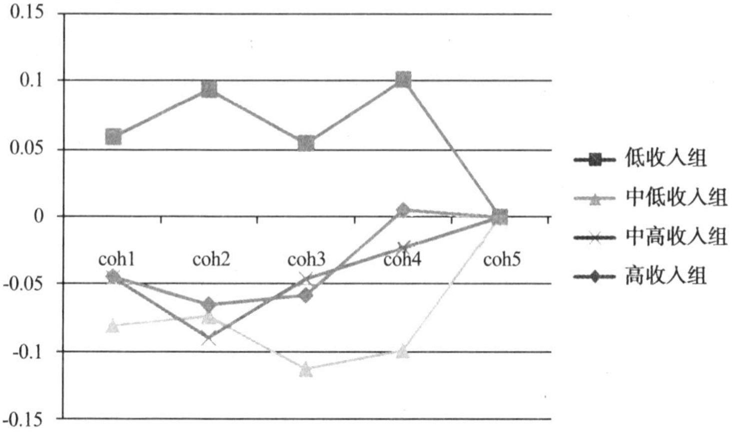

图 6-5　各收入组家庭生命周期内的储蓄率相对变动趋势

除低收入组以外的三个收入组的家庭储蓄率没有随户主年龄呈现出先上升后下降的趋势，这与生命周期理论不符。中低收入组所处的各个生命周期都对该阶段的家庭储蓄率有显著的影响，并且随着户主年龄的增加，家庭储蓄率大致呈现出“U”形的变动趋势，这种趋势一直持续到户主年龄超过 60 岁。其中，户主年龄小于 40 岁时，中低收入组家庭的储蓄率处在生命周期中较低的水平，而当户主年龄大于 40 岁时，家庭储蓄率的水平进一步下降，但在之后的阶段储蓄率逐年升高，在户主年龄处于 51～60 岁时上升速度明显加快，户主年龄达到 60 岁时达到考察期内的最高值。

中高收入组家庭的储蓄率随户主年龄呈现出先下降后持续

上升的变动趋势，在户主年龄低于40岁时，家庭储蓄率下降4.4个百分点；户主年龄为41～50岁时，家庭储蓄率又会上升4.3个百分点，储蓄率水平与户主年龄在30岁之前时的水平相当，之后随着户主年龄的增加，家庭储蓄率一直保持上升的趋势。

高收入组家庭的储蓄率随户主年龄的变动趋势相对较为平缓，且趋势大致与中高收入组相同。户主年龄在40岁之前时，家庭储蓄率达到其生命周期的最低值，随后家庭储蓄率逐渐上升，并且在户主年龄为41～60岁时会有较大幅度的提高，之后继续上升，但幅度明显减小。中高收入组和高收入组家庭都表现出了这样的趋势，这可能与51～60岁是当时城镇居民退休的年龄段，居民对收入的预期明显下降，因而家庭表现出明显的谨慎动机，提高了家庭储蓄水平有关。

结合以上分析，就家庭储蓄的生命周期来看，低收入组家庭的储蓄率随户主年龄总体呈现出波动型下降的趋势，低收入家庭的储蓄率在户主年龄为51～60岁时达到最大值。中低收入组家庭的储蓄率随户主年龄大致呈现“U”形变化趋势，在户主年龄小于50岁时处于整个生命周期中较低的水平；当户主年龄超过50岁之后，家庭储蓄率逐渐上升。中高收入组家庭的储蓄率随户主年龄呈现出先下降后持续上升的变化趋势，在户主年龄小于40岁时家庭储蓄率呈现下降趋势，并在此阶段达到家庭生命周期中的最低值，之后随户主年龄的增加而一直呈增长趋势。高收入组家庭的储蓄生命周期曲线与中高收入组家庭相似，但总体趋势更加平缓，并在户主年龄超过50岁之后出现较大幅度的上升。

第三节　本章小结

本章的实证部分综合考虑了预防性储蓄、家庭财富和家庭生命周期等多种因素，运用CFPS的微观调查数据构造了横截面数据，使用稳健最小二乘法的估计方法对不同收入阶层的城镇居民家庭储蓄率进行了实证分析。

结果表明，不确定性对各收入阶层的家庭储蓄率都有显著影响，但收入和支出不确定性对家庭消费的影响方向不完全相同。低收入组家庭所受到的收支不确定性对储蓄率的影响方向与其他三个收入组相反，收入不确定性会增加低收入组家庭的储蓄率，而支出不确定性会增加低收入组家庭的消费。其他三个收入组在收入不确定性增加时会提高储蓄率，但在消费波动较大时家庭储蓄率会降低。收入水平对家庭储蓄率的影响并不一致，中等收入组居民家庭倾向于在收入水平提高时降低储蓄率。家庭规模在所有收入组家庭中都对家庭储蓄率表现为正向影响。家庭资产对消费有一定的促进作用，但这种作用只在收入水平较高的两个阶层中表现为显著，且通过了1%的显著性检验。人力资本投入对各个收入阶层的家庭储蓄率都有显著的负向影响，对低收入组家庭消费的挤出效应更明显。另外，不同收入组家庭的储蓄率随着家庭所处生命周期阶段的不同而呈现出不一样的变化趋势，低收入组家庭的储蓄率水平随户主年龄总体上呈波动式下降趋势，中低收入组家庭的储蓄率随户主年龄大致呈现出“U”形变化趋势，而中高收入组家庭和高收入组家庭的储蓄率随生命周期大致呈现出先下降后持续上升的趋势。

第七章　研究结论及政策含义

本研究基于现代消费理论，综合运用宏观和微观数据，从预防性储蓄及不确定性、家庭资产和人力资本的角度对不同收入阶层的城镇居民消费和储蓄行为进行了实证检验，分析解释了其对不同收入水平的居民家庭消费和储蓄水平的影响程度和渠道。为分析经济转轨时期居民家庭消费和储蓄行为的影响因素及其对不同收入阶层居民消费影响的异质性，本研究通过理论和实证分析，主要进行了以下三部分研究工作：

第一，不同收入阶层的城镇居民预防性储蓄行为是怎样的，预防性储蓄的动机强度如何，受到的流动性约束对消费行为的影响如何。

第二，作为家庭财富的组成部分，家庭资产和人力资本对城镇居民家庭的消费水平的影响程度如何。

第三，将收入和支出两方面的预防性储蓄动机、家庭财富和家庭生命周期等几种主要的消费影响因素放在同一分析框架中，综合起来各因素对不同收入阶层的城镇居民家庭储蓄率水平会产生怎样的影响。

第一节　研究结论

根据本研究的分析，得出的主要结论如下：

第一，不确定性对城镇居民消费行为的影响程度随着收入水平的提高而呈现出先上升后下降的趋势，流动性约束对不同收入阶层的城镇居民家庭的影响程度具有显著的异质性。

在迪南预防性储蓄理论模型的基础上，本研究引入实际利率、流动性约束和消费习惯等影响预防性储蓄行为的主要因素，利用 1995～2012 年全国城镇居民按人均可支配收入分为七个组的调查统计数据，并按照不同收入阶层居民受到流动性约束影响的异质性，使用不同的模型进行了对比分析，构造了动态面板数据，运用随机系数模型对不同收入阶层的城镇居民家庭预防性储蓄行为进行了实证检验。检验结果表明，处于不同收入水平的城镇居民家庭的消费和储蓄行为所受的主要影响因素具有异质性，且影响程度不同。

具体来看，对于低收入群体(包括最低收入组、较低收入组和中等偏下收入组)来说，居民降低消费支出、增加预防性储蓄动机的主要原因是同时受到较强的流动性约束和不确定性两方面因素的影响。流动性约束作为影响消费和储蓄行为的重要变量之一，和不确定性一样可以体现预防性储蓄的动机强度。综合考虑低收入组居民的消费和储蓄行为显著受到不确定性和流动性约束两方面的影响，可以认为低收入组居民的预防性储蓄动机比较强；而中高收入群体的消费行为主要受不确定性的影响，并且随着收入水平的提高，预防性储蓄动机强度有明显递减的趋势。另外，实际利率和消费习惯对各收入组的消费和储蓄行为的影响并不明显。

第二，包含了人力资本的家庭财富对城镇居民家庭消费和储蓄行为的影响程度和影响机制具有异质性。

本研究使用CFPS的数据，在同一经验分析框架下对城镇居民家庭的家庭财富(包括实物资产、金融资产和人力资本等)对家庭消费和储蓄行为的影响进行了详细的分析，同时考察了家庭中是否有未婚子女这一特殊因素对家庭资产持有和消费行为的影响。

具体来看，家庭总资产对居民的消费水平有显著的促进作用，相比之下，家庭净资产对消费水平的促进作用虽然也很显著，但明显小于家庭总资产的财富效应。消费习惯强度对居民的消费行为也有不同程度的正向影响。在家庭资产方面，不同类型的住房资产对消费的影响是不同的：家庭的现住房产主要表现出生活必需的长期消费品性质，因而在家庭没有更换住房意愿的情况下，现住房产的价格波动不具有财富效应；而对多套房产家庭来说，非现住房产的资产效应和财富效应都非常明显，在排除了家庭成员一些不可直接观测的因素的影响和居民价格预期之后，财富效应总是略小于资产效应。就金融资产来说，在家庭资产中的金融资产对于消费具有稳定且显著的正向影响，且多套房产家庭金融资产的财富效应大于一套房产家庭。相比之下，一套房产家庭的消费水平主要依赖可支配收入，这导致其对收入有较稳定的预期。生产性固定资产作为家庭资产的组成部分，对居民消费水平表现出了显著的促进作用，这种作用超过了金融资产和非现住房产。

除家庭实物资产之外，本研究还以教育人力资本和健康人力资本作为家庭人力资本的代理变量，考察了人力资本对城镇居民消费行为的影响。结果表明，教育人力资本对家庭消费具有显著的促进作用,但是这种作用的大小与其他家庭资产有关;相对于一套房产家庭,多套房产家庭的消费对教育人力资本更加敏感。相反,健康人力资本对消费的影响则稳定得多,这说明健康需求在家庭消费中具有一定的刚性。

在男女出生比例失衡的社会背景下,家庭中有未婚子女可从直接和间接两个方面对家庭消费水平产生影响。在直接方面,抚养未成年子女在家庭中属于“纯支出”,可直接增加家庭的消费支出;在间接方面,在性别比失衡的社会背景下,家庭为了提高成年未婚子女在婚姻方面的竞争力,也会抑制家庭消费,提高储蓄水平。一套房产家庭的消费水平明显受到家中有未婚子女的影响,且有未婚子女对家庭消费的抑制主要通过提高收入中用于消费支出的比例来发挥作用,而对于家庭资产,尤其是房产的财富效应影响不显著。

第三,预防性储蓄动机、家庭财富和家庭所处的生命周期阶段等因素对不同收入阶层的城镇居民家庭储蓄率的影响具有显著的异质性。其中,低收入家庭的消费和储蓄行为表现较为特殊,中高收入家庭和高收入家庭的表现较为接近。

本研究首先依据预防性储蓄理论构建了分析家庭储蓄率的计量模型,并引入人力资本和生命周期等多种理论进行补充分析,运用分不同收入阶层的城镇家庭微观调查数据,使用稳健最小二乘法的估计方法将以上多种影响消费行为的主要因素置于统一的分析框架内进行实证分析。结果表明,收入和支出不确定性、家庭资产、人力资本及家庭所处的生命周期阶段对各个收入阶层的城镇居民家庭储蓄率都有显著的影响,但影响的程度与方向随着家庭收入水平的不同而有所差别。相比于其他三组,低收入组家庭的消费行为表现较为特殊,中高收入组家庭与高收入组家庭的消费行为表现较为接近。

低收入组家庭所受的收支不确定性对储蓄率的影响方向与其他三个收入组相反，收入不确定性会增加低收入组家庭的储蓄率，而支出不确定性会增加低收入组家庭的消费，且低收入组家庭的储蓄率对收入不确定性的敏感程度大于支出不确定性。收入和家庭规模对低收入组家庭的储蓄率有较大的正向作用，而资产水平对储蓄率的影响很小且不显著。人力资本方面，家庭的教育支出和医疗保健支出都会导致低收入组家庭的储蓄率明显下降。从家庭所处的生命周期阶段对储蓄率的估计结果看，低收入组家庭的储蓄率在整个家庭生命周期中大致呈波动式下降的趋势，与其他三个收入组的变化趋势明显不同。

中低收入组家庭的储蓄率受收入和消费两方面不确定性的影响程度大致相当。收入对中低收入组家庭的储蓄率有较大的负向影响，这可能是由于中低收入组家庭的消费水平受到一定的流动性约束所致。资产水平对中低收入组家庭储蓄率的影响很小且不显著。家庭规模对家庭储蓄率有正向影响，但影响程度在四个收入组中是最低的。教育和医疗保健支出都对家庭储蓄率有显著的负向影响，但教育支出对储蓄率的抑制作用更强。家庭所处生命周期的各个阶段都对中低收入家庭的储蓄率有显著影响，随着户主年龄的增加，大致呈“U”形变化趋势，家庭储蓄率会经历微小的下降，之后以较为缓慢的速度增长。

对中高收入组家庭而言，在不确定性产生相同变动的情况下，家庭储蓄率受到收入不确定性的正向影响大于支出不确定性的负向影响。收入水平对中高收入组家庭的储蓄率有较小的负向影响，资产水平对中高收入组家庭的消费具有显著的促进作用，家庭规模对储蓄率的促进作用较为明显。在人力资本方面，中高收入组家庭的教育和医疗保健支出对家庭储蓄率的抑制作用大致相当。中高收入组家庭的储蓄率随着户主年龄呈现先下降后持续上升的变化趋势，户主年龄小于40岁时家庭储蓄率达到生命周期中的最低值，随后储蓄率将保持上升趋势。

高收入组家庭受到的支出不确定性的负向影响大于收入不确定性的正向影响。收入的增加对高收入组家庭的储蓄率有明显的促进作用，这与高收入组家庭的边际消费倾向低有关。与中高收入组家庭类似，资产水平对高收入组家庭的储蓄率有显著的负向影响，且在四个收入组中对高收入组家庭储蓄率水平的影响最大。较高的资产水平能够产生财富效应，提高家庭的消费水平。家庭规模对高收入组家庭的储蓄率有正向影响。人力资本方面，教育和医疗保健支出都会导致高收入组家庭的储蓄率下降，并且教育支出对家庭储蓄率的影响程度比医疗保健支出更大。从家庭所处的生命周期对储蓄的影响来看，高收入组家庭的储蓄率随户主年龄的变化趋势与中高收入组家庭大致相同，但更加平缓，并在户主50岁之后出现较大幅度的上升，随户主年龄的增加，储蓄率缓慢升高。

第二节 政策含义

根据本研究的分析和结论，我国各个收入阶层的城镇居民的消费和储蓄行为具有显著的异质性，低收入组家庭的预防性储蓄行为主要受流动性约束和不确定性两方面的抑制，家庭财富水平对消费的促进作用较弱；中高收入组家庭则主要受不确定性的影响，家庭财富水平能够显著促进家庭消费水平的提升，因此笔者认为，考虑不同收入阶层之间城镇居民的异质性可以更好地解释居民的消费和储蓄行为，并能够清晰地分析居民消费所受的影响因素及影响程度。根据以上分析，为进一步释放居民的消费潜力，结合当前我国扩大居民消费需求，转变经济增长方式，促进经济持续健康发展的宏观经济背景以及“共享”的发展理念，本研究得出的结论主要有以下五方面的政策含义：

第一，稳定收入预期和降低不确定性对居民消费行为的影响。收入和支出两方面的不确定性对所有收入阶层的城镇居民家庭消费和储蓄行为都有显著影响，尤其是当面临收入波动时，家庭多倾向于提高储蓄水平以应对未来的收入不确定性。目前，我国各项制度改革已进入深水区，就业制度、收入分配制度等与居民家庭的收入和资产息息相关的制度政策还处在完善的过程中，居民家庭对未来的收入情况仍有较大的不确定性。随着供给侧改革的逐步开展，调整经济结构、清除过剩产能、实现要素配置优化的过程也将影响居民对就业和收入的预期，从而增加预防性储蓄和缓冲存货储备。因此，在改革的过程中，稳定居民的收入预期，创造稳定的宏观就业环境，有助于降低预防性储蓄水平，提高居民的消费水平。

第二，逐步提高居民的收入水平，尤其是中低收入家庭的收入水平，合理缩小贫富差距，完善收入分配机制。中低收入阶层的城镇居民会因受到较强的流动性约束而抑制自己的消费需求。低收入家庭的消费水平明显受到收入水平的制约，家庭资产水平较低，使家庭储蓄水平对各项消费支出较为敏感，却不得不面对生活中的一些刚性支出。提高中低收入群体的收入，有利于释放这部分城镇居民的消费潜力，改善他们的生活质量。随着收入水平的提高，中等收入水平的家庭能够释放一部分潜在的消费需求，并且他们有对更高收入阶层的消费行为进行模仿的动机，能够促进家庭储蓄率水平的下降。因此，从整体上提高居民的收入水平，尤其是完善低收入家庭的保障机制，缩小贫富差距，对促进消费、降低家庭储蓄水平有重要的作用。

调整经济结构，促进服务业快速发展，提倡自主创业，吸纳更多的人口就业，增加居民的劳动收入，都能提高居民的收入预期。在收入分配方面，应充分发挥政府的财政和税收转移支付对缩小贫富差距的作用，加快将政府的转移支付转化为居民的实际收入。

第三，加大教育和医疗等领域的公共支出投入，完善教育和医疗保障制度，降低居民在教育和医疗方面的支出对其他消费的挤出效应。各个收入阶层的教育和医疗保健支出都在不同程度上降低了居民家庭的储蓄率。增加教育和医疗等领域的公共支出，尽快完善教育制度，建立广泛覆盖的医疗保险制度，有助于降低居民在教育和医疗方面的支出预期，尤其是减轻低收入家庭的经济负担，降低这两项支出对其他消费的挤出效应，进而释放居民家庭其他方面的消费潜力。

第四，稳定住房价格，促使居民对住房价格形成稳定的预期。家庭的住房具有长期消费品的属性，也是生活必需品。无论家庭的收入水平如何，住房支出都具有刚性。房价上涨过快或价格波动较大都会对居民的买房预期产生影响，从而使其不得不降低消费水平，表现出更加谨慎的消费行为。调整城乡建设用地的供需结构，严格执行商品房用地审批环节，增加经济房和保障房的供给，有助于稳定住房价格，降低城镇居民在生活中面临的房价不确定性，降低城镇居民的预防性储蓄动机，有利于提高居民的消费水平。

第五，健全养老保险制度，降低老年人的养老成本和支出预期。从家庭生命周期的角度看，各个收入阶层的家庭对养老支出都持有谨慎的态度，在进入老年阶段时会增加家庭储蓄。加快养老保险制度改革，建立覆盖全面、保障有力的养老保险制度，充分发挥其在社会保障体系中占比最大的优势，提高城镇居民对退休后收入水平的预期，能够降低居民在中老年阶段的储蓄水平，在一定程度上拉动居民消费，缩小不同收入阶层之间的收入差距，增加社会福利。

主要参考文献

一、中文文献

[1]宋铮.中国居民储蓄行为研究[J].金融研究,1999,6(3):46-50.

[2]袁志刚,宋铮.城镇居民消费行为变异与我国经济增长[J].经济研究,1999(11):20-28.

[3]龙志和,周浩明.西方预防性储蓄假说评述[J].经济学动态,2000(3):63-66.

[4]郭树清.住房分配货币化的风险与抉择[J].经济研究,2000(9):16-24,77.

[5]龙志和,周浩明.中国城镇居民预防性储蓄实证研究[J].经济研究,2000(11):33-38,79.

[6]孙凤.预防性储蓄理论与中国居民消费行为[J].南开经济研究,2001(1):54-58.

[7]李珍,杨玲.养老基金制度安排与经济增长的互动——以美国为研究对象[J].金融研究,2001(2):101-106.

[8]万广华,张茵,牛建高.流动性约束、不确定性与中国居民消费[J].经济研究,2001,11:35-44.

[9]秦朵. 居民储蓄——准货币之主源[J]. 经济学,2002,1(2):339-356.

[10]徐绪松,陈彦斌. 预防性储蓄模型及其不确定性分解[J]. 数量经济技术经济研究,2003(2):100-103.

[11]罗楚亮. 经济转轨、不确定性与城镇居民消费行为[J]. 经济研究,2004(4):100-106.

[12]臧旭恒,裴春霞. 预防性储蓄:产生及其决定[J]. 东岳论丛,2004,25(6):88-94.

[13]裴春霞,孙世重. 流动性约束条件下的中国居民预防性储蓄行为分析[J]. 金融研究,2004(10):26-32.

[14]施建淮,朱海婷. 中国城市居民预防性储蓄及预防性动机强度:1999～2003[J]. 经济研究,2004(10):66-74.

[15]杜海韬,邓翔. 流动性约束和不确定性状态下的预防性储蓄研究——中国城乡居民的消费特征分析[J]. 经济学(季刊),2005(1):297-316.

[16]田岗. 不确定性、融资约束与我国农村高储蓄现象的实证分析——一个包含融资约束的预防性储蓄模型及检验[J]. 经济科学,2005(1):5-17.

[17]李勇辉,温娇秀. 我国城镇居民预防性储蓄行为与支出的不确定性关系[J]. 管理世界,2005(5):14-18.

[18]李通屏. 中国消费制度变迁研究[M]. 经济科学出版社,2005.

[19]彭晓娟. 西方国家医疗保险制度改革趋势及对我国的启示[J]. 重庆工商大学学报(社会科学版),2006,23(3):54-57.

[20]王芳. 城镇居民消费过度敏感性的统计分析[J]. 数量经济技术经济研究,2007(3):102-107.

[21]赵晓英,曾令华,徐国梁. 经济转轨时期不确定性对我国

城镇居民消费行为的影响[J].消费经济,2007,23(2):62-65.

[22]臧旭恒,裴春霞.转轨时期中国城乡居民消费行为比较研究[J].数量经济技术经济研究,2007,24(1):65-72.

[23]李爱.农民工社会保障问题及对策研究[J].东岳论丛,2007,28(5):79-82.

[24]魏锋.中国股票市场和房地产市场的财富效应[J].重庆大学学报(自然科学版),2007,30(2):153-157.

[25]易行健,王俊海,易君健.预防性储蓄动机强度的时序变化与地区差异——基于中国农村居民的实证研究[J].经济研究,2008(2):119-131.

[26]高梦滔,毕岚岚,师慧丽.流动性约束、持久收入与农户消费——基于中国农村微观面板数据的经验研究[J].统计研究,2008(6):48-55.

[27]艾春荣,汪伟.习惯偏好下的中国居民消费的过度敏感性——基于1995～2005年省际动态面板数据的分析[J].数量经济技术经济研究,2008(11):98-114.

[28]邓翔,李锴.中国城镇居民预防性储蓄成因分析[J].南开经济研究,2009(2):42-57.

[29]杭斌,郭香俊.基于习惯形成的预防性储蓄——中国城镇居民消费行为的实证分析[J].统计研究,2009(3):38-43.

[30]雷钦礼.财富积累、习惯、偏好改变、不确定性与家庭消费决策[J].经济学(季刊),2009(3):1029-1046.

[31]白重恩,钱震杰.谁在挤占居民的收入——中国国民收入分配格局分析[J].中国社会科学,2009(5):99-115,206.

[32]田青,高铁梅.转轨时期我国城镇不同收入群体消费行为影响因素分析——兼谈居民消费过度敏感性和不确定性[J].南开经济研究,2009(5):124-134.

[33]郭志仪,毛慧晓.制度变迁、不确定性与城镇居民消费——基于预防性储蓄理论的分析[J].经济经纬,2009(5):9-13.

[34]黄静,屠梅曾.房地产财富与消费:来自于家庭微观调查数据的证据[J].管理世界,2009(7):35-45.

[35]杨汝岱,陈斌开.高等教育改革,预防性储蓄与居民消费行为[J].经济研究,2009(8):113-124.

[36]郭香俊,杭斌.预防性储蓄重要性的测算方法及其比较[J].统计研究,2009,26(11):61-68.

[37]张世伟,郝东阳.城镇居民不同收入群体消费行为分析[J].财经科学,2010(9):79-89.

[38]王健宇.收入不确定性的测算方法研究[J].统计研究,2010,27(9):58-64.

[39]陈斌开,李涛.中国城镇居民家庭资产——负债现状与成因研究[J].经济研究,2011,S1:55-66,79.

[40]朱信凯,骆晨.消费函数的理论逻辑与中国化:一个文献综述[J].经济研究,2011(1):140-153.

[41]杜宇玮,刘东皇.预防性储蓄动机强度的时序变化及影响因素差异——基于1979～2009年中国城乡居民的实证研究[J].经济科学,2011(1):70-80.

[42]张春生,吴超林.收支不确定性对城镇居民储蓄存款行为的影响:理论解释与实证检验[J].上海经济研究,2011(3):12-23.

[43]郭英彤.收入不确定性对我国城市居民消费行为的影响——基于缓冲储备模型的实证研究[J].消费经济,2011(6):52-56.

[44]沈坤荣,谢勇.中国城镇居民储蓄率的影响因素:1997～2008——基于省级动态面板数据的实证研究[J].上海经济研究,

2011(9):3-10.

[45]肖作平,廖理,张欣哲.生命周期、人力资本与家庭房产投资消费的关系——来自全国调查数据的经验证据[J].中国工业经济,2011(11):26-36.

[46]易行健,张波.中国城镇居民消费倾向波动的实证检验——基于不同收入阶层视角[J].上海财经大学学报(哲学社会科学版),2011,13(1):74-81.

[47]张大永,曹红.家庭财富与消费:基于微观调查数据的分析[J].经济研究,2012,S1:53-65.

[48]虞斌.城乡居民人力资本财富效应比较的统计考量[J].统计与决策,2012 (1):97-99.

[49]李湘君,王中华,林振平.新型农村合作医疗对农民就医行为及健康的影响——基于不同收入层次的分析[J].世界经济文汇,2012(3):58-75.

[50]沈坤荣,谢勇.不确定性与中国城镇居民储蓄率的实证研究[J].金融研究,2012(3):1-13.

[51]李春风,陈乐一,李玉双.我国收入阶层不同城镇居民的消费敏感性[J].湖南大学学报(社会科学版),2012(6):73-78.

[52]谢洁玉,吴斌珍,李宏彬,等.中国城市房价与居民消费[J].金融研究,2012(6):13-27.

[53]王克稳,李敬强,徐会奇.不确定性对中国农村居民消费行为的影响研究——消费不确定性和收入不确定性的双重视角[J].经济科学,2013(5):88-96.

[54]李丹.中国最终消费率过低之谜[J].上海财经大学学报,2013(1):91-96.

[55]张玉周.基于Dynan模型的农村居民预防性储蓄动机研究——以河南为例[J].数理统计与管理,2013(3):545-553.

[56]冯丽雅.从制度绩效角度分析改革开放以来政府提高效率的实践成效——基于中国住房制度改革实践[J].现代经济信息,2013(9):11-12.

[57]杨丽,陈超.教育医疗公共品供给对我国农村居民消费的影响分析——基于人力资本提升的视角[J].农业技术经济,2013(9):4-12.

[58]赵西亮,梁文泉,李实.房价上涨能够解释中国城镇居民高储蓄率吗?——基于CHIP微观数据的实证分析[J].经济学(季刊),2014(1):5.

[59]柴国俊.房屋拆迁能够提高家庭消费水平吗?——基于中国家庭金融调查数据的实证分析[J].经济评论,2014(2):41-51.

[60]李艳鹍.我国居民预防性储蓄动机实证研究[J].中国物价,2014(2):85-87.

[61]李涛,陈斌开.家庭固定资产、财富效应与居民消费:来自中国城镇家庭的经验证据[J].经济研究,2014(3):62-75.

[62]厉克奥博,潘庆中,伏霖.新常态下可比居民储蓄率的变动趋势研究[J].经济学报,2014(4):140-157.

[63]王冬,王新.预防性储蓄动机对消费的影响及其强度估计——基于1992~2012年城镇居民的实证研究[J].南方经济,2014(6):42-55.

[64]徐祖辉,谭远发.健康人力资本、教育人力资本与经济增长[J].贵州财经大学学报,2014(6):21-28.

[65]赵吉林,桂河清.中国家庭文化消费影响因素分析:来自CHFS的证据[J].消费经济,2014(6):25-31,54.

[66]陈斌开,陈琳,谭安邦.理解中国消费不足:基于文献的评述[J].世界经济,2014(7):3-22.

[67]周晓蓉，代艳花，曾尹嬿，陈建东. 资产财富效应实证研究新进展[J]. 经济学动态，2014(10)：130-140.

[68]陈冲. 预防性储蓄动机的时序变化及其影响因素差异——基于中国城镇居民不同收入阶层视角[J]. 中央财经大学学报，2014(12)：87-94.

[69]袁冬梅，李春风，刘建江. 城镇居民预防性储蓄动机的异质性及强度研究[J]. 管理科学学报，2014，17(7)：50-62.

[70]朱艳春，柳思维. 近年来国内消费经济理论研究的新动态[J]. 消费经济，2014，30(4)：93-96.

[71]朱高林，中国城镇居民物质消费水平变化趋势研究(1957～2011)[M]. 科学出版社，2014.

[72]刘建平，张翠. 预期收支不确定性对居民消费行为的影响研究——基于经济转型中我国城镇居民消费数据的分析[J]. 消费经济，2015(5)：10-16，34.

[73]祁毓，卢洪友，张宁川. 环境质量、健康人力资本与经济增长[J]. 财贸经济，2015(6)：124-135.

[74]杨丽，陈超. 医疗公共品供给对农村居民消费的影响——基于预防性储蓄的视角[J]. 农业技术经济，2015(9)：57-63.

二、英文文献

[1] R. Alessie, A. Lusardi. Consumption, Saving and Habit Formation[J]. *Economics Letters*, 1997, 55(1): 103-108.

[2]M. Aloi, F. Tournemaine. Growth Effects of Environmental Policy When Pollution Affects Health [J]. *Economic Modelling*, 2011, 28(4): 1683-1695.

[3]G. Altonji, E. Blom, C. Meghir. Heterogeneity in Hu-

man Capital Investments: High School Curriculum, College Major, and Careers [R]. *National Bureau of Economic Research*, 2012.

[4]A. Ando, F. Modigliani. The "Life Cycle" Hypothesis of Saving: Aggregate Implications and Tests[J]. *The American Economic Review*, 1963, 53(1): 55-84.

[5]J. Aziz, L. Cui. Explaining China's Low Consumption: The Neglected Role of Household Income[R]. *IMF Working Papers*, 2007: 1-36.

[6]N. Barber. Educational and Ecological Correlates of IQ: A Cross-national Investigation[J]. *Intelligence*, 2005, 33(3): 273-284.

[7]S. Brown, K. Taylor. Household Debt and Financial Assets: Evidence from Germany, Great Britain and the USA [J]. *Journal of the Royal Statistical Society: Series A (Statistics in Society)*, 2008, 171(3): 615-643.

[8]R. J. Caballero. Consumption Puzzles and Precautionary Savings[J]. *Journal of Monetary Economics*, 1990, 25(1): 113-136.

[9]J. Y. Campbell, N. G. Mankiw. The Response of Consumption to Income: A Cross-country Investigation[J]. *European Economic Review*, 1991, 35(4): 723-756.

[10]C. D. Carroll, R. E. Hall, S. P. Zeldes. The Buffer-stock Theory of Saving: Some Macroeconomic Evidence [J]. *Brookings Papers on Economic Activity*, 1992(2): 61-156.

[11]C. D. Carroll, M. Otsuka, J. Slacalek. How Large Are Housing and Financial Wealth Effects? A New Approach [J].

Journal of Money, Credit and Banking, 2011, 43(1): 55-79.

[12]C. D. Carroll, A. A. Samwick. How Important Is Precautionary Saving? [J]. *Review of Economics and Statistics*, 1998, 80(3): 410-419.

[13]C. D. Carroll. How Does Future Income Affect Current Consumption[J]. *Quarterly Journal of Economics*, 1994, (109).

[14]C. D. Carroll, J. Overland, D. N. Weil. Saving and Growth with Habit Formation[J]. *American Economic Review*, 2000, 90(3): 341-355.

[15]C. D. Carroll. Death to the Log-Linearized Consumption Euler Equation! [J]. *Advances in Macroeconomics*, 2001 (1): 1-36.

[16]K. E. Case, J. M. Quigley, R. J. Shiller. Stock Market Wealth, Housing Market Wealth, Spending and Consumption[R]. Working Paper 8606, National Bureau of Economic Research, Inc, Cambridge, 2001.

[17]E. Caucutt, L. Lochner. Early and Late Human Capital Investments, Borrowing Constraints, and the Family[R]. National Bureau of Economic Research, Inc, Cambridge, 2012.

[18]M. D. Chamon, E. S. Prasad. Why Are Saving Rates of Urban Households In China Rising? [J]. *American Economic Journal: Macroeconomics*, 2010, 2: 93-130.

[19]C. L. Chen, C. M. Kuan, C. C. Lin. Saving and Housing of Taiwanese Households: New Evidence from Quantile Regression Analyses[J]. *Journal of Housing Economics*, 2007, 16(2): 102-126.

[20]Y. Chen, A. Ebenstein, M. Greenstone. Evidence on the Impact of Sustained Exposure to Air Pollution on Life Expectancy from China's Huai River Policy[J]. *Proceedings of the National Academy of Sciences*, 2013, 110(32): 12936-12941.

[21]T. Choukhmane, N. Coeurdacier, K. Jin. The One-Child Policy and Household Savings[C]. *London School of Economics*, 2013, 3.

[22]D. Christopher. Carroll. Buffer-Stock Saving and the Life Cycle/Permanent Income Hypothesis[J]. *The Quarterly Journal of Economics*, 1997, 112(1): 465-473.

[23]M. A. Davis, M. G. Palumbo. A Primer on the Economics and Time Series Econometrics of Wealth Effects[M]. Divisions of Research & Statistics and Monetary Affairs, Federal Reserve Board, 2001.

[24]A. S. Deaton. Understanding Consumption[M]. Oxford University Press, 1992.

[25]A. S. Deaton. Saving and Liquidity constraints[J]. *Econometrica*, 1991, 59(5): 1221-1248.

[26]Q. Du, S. J. Wei. A Sexually Unbalanced Model of Current Account Imbalances[R]. *National Bureau of Economic Research*, 2010.

[27]K. E. Dynan. Habit Formation in Consumer Preferences: Evidence from Panel Data[J]. *American Economic Review*, 2000, 90(3): 391-406.

[28]K. E. Dynan. How Prudent Are Consumers? [J]. *Journal of Political Economy*, 1993, 101(6): 1104-1113.

[29]Fisher, Malcolm. Exploration in Saving Behavior[J].

Oxford University Institute Statistics Bulletin 18, 1956(8): 201-227.

[30] M. A. Flavin. The Adjustment of Consumption to Changing Expectations about Future Income[J]. *The Journal of Political Economy*, 1981, 89: 974-1009.

[31]M. Friedman. A Theory of the Consumption Function [M]. Princeton University Press, Princeton, 1957.

[32]J. Gan. Housing Wealth and Consumption Growth: Evidence from a Large Panel of Households[J]. *Review of Financial Studies*, 2010, 23(6): 2229-2267.

[33] C. Grant, T. A. Peltonen. Housing and Equity Wealth Effects of Italian Households [R]. European Central Bank, 2008.

[34]L. Guiso, T. Jappelli, D. Terlizzese. Earnings Uncertainty and Precautionary Saving[J]. *Journal of Monetary Economics*, 1992, 30(2): 307-337.

[35]R. E. Hall. Stochastic Implications of the Life Cycle-Permanent Income Hypothesis: Theory and Evidence[J]. *Journal of Political Economy*, 1978, 86(6): 971-987.

[36]Z. He, W. Xiong. Heterogeneous Beliefs and Short & term Credit Booms[R]. Working Paper, 2010.

[37]J. Huntley, V. Michelangeli. Can Tax Rebates Stimulate Consumption Spending in a Life-Cycle Model? [J]. *American Economic Journal: Macroeconomics*, 2014, 6(1): 162-189.

[38]T. Jappelli, L. Pistaferri. The Consumption Response to Income Changes [R]. *National Bureau of Economic Research*, 2010.

[39]E. Jones, B. W. Mustiful. Purchasing Behaviour of Higher-and-Lower-Income Shoppers: A Look at Breakfast Cereals[J]. *Applied Economics*, 1996, 28(1): 131-137.

[40]G. Kaplan, G. L. Violante. A Model of the Consumption Response to Fiscal Stimulus Payments[J]. *Econometrica*, 2014, 82(4): 1199-1239.

[41]M. Kazarosian. Precautionary Savings: A Panel Study [J]. *Review of Economics and Statistics*, 1997, 79(2): 241-247.

[42]M. S. Kimball. Precautionary Saving in the Small and in the Large[J]. *Econometrica: Journal of the Econometric Society*, 1990, 58(1): 53-73.

[43]J. J. Lee, Y. Sawada. Precautionary Saving under Liquidity Constraints: Evidence from Rural Pakistan[J]. *Journal of Development Economics*, 2010, 91(1): 77-86.

[44]H. E. Leland. Saving and Uncertainty: The Precautionary Demand for Saving[J]. *The Quarterly Journal of Economics*, 1968, 82(3): 465-473.

[45]R. E. Manuelli, A. Seshadri. Human Capital and the Wealth of Nations[J]. *The American Economic Review*, 2014, 104(9): 2736-2762.

[46]F. Mariani, A. Pérez-Barahona, N. Raffin. Life Expectancy and the Environment[J]. *Journal of Economic Dynamics and Control*, 2010, 34(4): 798-815.

[47]C. Meghir, G. Weber. Ontertemporal Nonseparability or Borrowing Restrictions? A Disaggregate Analysis using a U. S. Consumption Panel [J], *Econometrica*, 1996, 64(5):

1151-1181.

[48]Y. P. Mehra. The Wealth Effect in Empirical Life-Cycle Aggregate Consumption Equations[J]. *FRB Richmond Economic Quarterly*, 2001, 87(2): 45-68.

[49]B. L. Miller. The Effect on Optimal Consumption of Increased Uncertainty in Labor Income in the Multiperiod Case [M]. Springer Berlin Heidelberg, 1976:799-819.

[50]F. Modigliani, S. L. Cao. The Chinese Saving Puzzle and the Life-Cycle Hypothesis[J]. *Journal of Economic Literature*, 2004, 42(1): 145-170.

[51]J. Muellbauer. Habits, Rationality and Myopia in the Life Cycle Consumption Function[J]. *Annales d'Economie et de Statistique*, 1988(9): 47-70.

[52]M. Paiella. The Stock Market, Housing and Consumer Spending: A Survey of the Evidence on Wealth Effects[J]. *Journal of economic surveys*, 2009, 23(5): 947-973.

[53]P. Pinstrup-Andersen, E. Caicedo. The Potential Impact of Changes in Income Distribution on Food Demand and Human Nutrition[J]. *American Journal of Agricultural Economics*, 1978, 60(3): 402-415.

[54]J. M. Poterba. Stock Market Wealth and Consumption [J]. *The Journal of Economic Perspectives*, 2000, 14(2): 99-118.

[55]A. Sandmo. The Effect of Uncertainty on Saving Decisions[J]. *The Review of Economic Studies*, 1970, 37(3): 353-360.

[56]T. W. Schultz. Investment in Human Capital[J]. *The*

American Economic Review, 1961, 51(1): 1-17.

[57] D. S. Sibley. Permanent and Transitory Income Effects in a Model of Optimal Consumption with Wage Income Uncertainty[J]. *Journal of Economic Theory*, 1975, 11(1): 68-82.

[58]S. D. Silver. Human Capital in Personal Consumption and Labour Force Productivity: Evidence from an OECD Panel [J]. *Applied Economics Letters*, 2015, 22(7): 529-538.

[59]J. Skinner. Risky Income, Life Cycle Consumption, and Precautionary Saving[J]. *Journal of Monetary Economics*, 1988, 22(2): 237-255.

[60]J. S. Tracy, H. S. Schneider, S. Chan. Are Stocks Overtaking Real Estate in Household Portfolios? [J]. *Current Issues in Economics and Finance*, 1999, 5(5): 1.

[61]X. Wang, Y. Wen. Can Rising Housing Prices Explain China's High Household Saving Rate? [J]. *Federal Reserve Bank of St. Louis Review*, 2011, 93(2): 67.

[62]S. J. Wei, X. Zhang. The Competitive Saving Motive: Evidence from Rising Sex Ratios and Savings Rates in China[J]. *Journal of Political Economy*, 2011, 119(3): 511-564.

[63]B. K. Wilson. The Strength of the Precautionary Saving Motive When Prudence is Heterogeneous[C]. The 37th Annual Meeting of the Canadian Economics Association, 2003.

[64]J. L. Zagorsky. Do You Have to Be Smart to Be Rich? The Impact of IQ on Wealth, Income and Financial Distress[J]. *Intelligence*, 2007, 35(5): 489-501.

[65]S. P. Zeldes. Optimal Consumption with Stochastic In-

come: Deviations from Certainty Equivalence[J]. *Quarterly Journal of Economics*, 1989, 104(5): 275-298.

[66]S. P. Zeldes. Consumption and Liquidity Constraints: An Empirical Investigation[J]. *Journal of Political Economy*, 1989a, 97(2): 305-346.

后　记

本书是中共山东省委党校(山东行政学院)创新工程科研支撑项目(编号:2019CX036)的最终研究成果。改革开放以来,我国经济有了快速的增长,基础设施建设的速度和规模远超其他发展中国家,这与我国居民极高的储蓄率密切相关。2008年国际金融危机之后,我国以投资和出口为主要驱动力的经济发展模式受到挑战并开始逐步转型,消费在经济发展中的作用日渐突出,成为经济稳定运行的“压舱石”。要想实现高质量的发展,就要转变经济发展模式,提高消费对经济增长的拉动力,这也是增强人民群众的获得感,让人民群众共享发展成果的重要途径。目前,我国仍处于社会转型的过程中,包括社会保险制度在内的各项制度尚不完善,因此居民的消费和收入都面临着诸多不确定性。无法形成稳定的收入和消费预期会促使居民节制消费支出,增加预防性储蓄,以应对未来生活中出现的不确定性。作为收入的重要补充,家庭财富也能够影响居民家庭的消费和储蓄行为。本书认为,家庭财富不仅包括有形的实物资产,而且还包括无形的金融资产和通过受教育和保持健康而获得的人力资本。在研究中,本书将这些影响居民消费和储蓄的因素整合到了同一个框架中,探讨了其对居民家庭消费行为的影响程度和影响机制,从居民家庭的微观角度思考了如何释放居民的消费潜力。考虑到转轨过程中城镇居民所受到的影响相比于农村居民更大，其消费和储蓄行为也会表现出一定的特殊性，因此本书选取城镇居民家庭为研究对象。

在本书的写作过程中，首先要感谢山东大学经济学院的臧旭恒教授。臧老师学识广博、严谨自律、宽厚豁达，书稿的完成离不开臧老师的悉心指导和全力支持。香港岭南大学的林平教授，山东大学的杨蕙馨教授、李长英教授和曲创教授等多位专家也对本书的写作给予了大力帮助和指导，在此一并表示感谢。此外，还要感谢所有在本书写作过程中向笔者提供过帮助的师长、同窗和朋友们，感谢他们热情无私地提出宝贵意见和建议。

尚　昀

2019 年 5 月 4 日